El Precio de mi Sonrisa

El Precio de mi Sonrisa

PRÓLOGO por Nayara Malnero

ADVERTENCIA

PROPÓSITOS DE ESTE LIBRO

## PARTE I: MUERTE

1. MI PRIMER RECUERDO
2. AQUELLOS "MARAVILLOSOS" AÑOS
3. LANZAMIENTO DESESPERADO
4. HISTORIA DE ESPAÑA
5. MI AUSCHWITZ PARTICULAR
6. EL JEFE
7. LA REINA DE LAS MARIPOSAS
8. EL YAYO RAFAEL
9. INDEFINIDA
10. LAS PROMESAS
11. MI GRAN CABALLO DE BATALLA
12. EL 37
13. LA ESPIRAL
14. UN GIRO INESPERADO

## PARTE II: RESURRECCIÓN

15. LUZ AL FINAL DEL TUNEL
16. MI PRIMER "NO"
17. UN MUNDO FEMENINO
18. IMPACTOS
19. UN REGALO ANTI-FRUSTRACIÓN
20. 2001: UNA ODISEA EN MI ESPACIO
21. ¡FUERA POLILLAS!
22. LA BURBUJA QUE CAMBIÓ DE COLOR
23. MIS GRANDES TESOROS
24. EL OSITO
25. 2010: LA JUBILACIÓN
26. LA MUJER ROTA
27. UN LOBO SOLITARIO
28. UN POLVO SIN COMPROMISO

TALLER DE DESCUBRIZAJES

*RECONOCIMIENTOS*

El Precio de mi Sonrisa

El Precio de mi Sonrisa

# PRÓLOGO

Una nueva herramienta que contribuya al crecimiento personal siempre es buena noticia, si viene de la mano de una compañera de profesión mucho mejor.

Conocí a Sue siendo su profesora cuando estudiaba para capacitarse como sex coach, lo que no sospechaba es que algún día escribiría un libro y, mucho menos, un libro para la inspiración de los demás.

Como terapeutas, ayudar a los otros es nuestra labor, pero dedicar tantas horas a plasmarlo por escrito... ¡eso ya es otro tema! Si lo hacemos desde una perspectiva personal entonces lo será en mayor medida.

El mundo de cada uno es particular: nuestra vida, nuestras experiencias, nuestras emociones...pero, a pesar de esto, nos utilizamos unos a otros constantemente como modelo. Por eso nos encantan los "casos inspiradores", porque nos hacen ver que otras opciones son posibles.

Todos pasamos por malos tragos, pero la clave no está en saber evitarlos (que también es una fantástica idea, claro) si no en saber sobreponernos a ellos de la mejor forma posible. En esencia, lo que diferencia a unas personas de otras es el modo en el que afrontan las distintas situaciones, buenas o malas.

Eso es lo que define su personalidad, lo visible, lo que "marca la diferencia". Todos podemos ser como deseamos ser, solo tenemos que luchar por ello e invertir un esfuerzo constante...a veces con ayuda, claro, porque no es lo mismo decirlo que hacerlo.

Espero que esta lectura cumpla con el objetivo con el que fue creada, como ayuda para que tú tengas un nuevo modelo. Para que te empoderes y que, como Sue, aprendas a manejar tu vida de una forma más consciente, efectiva y más feliz.

Nayara Malnero
- Psicóloga, Sexóloga y Sex Coach, creadora de SEXPERIMENTANDO®-

El Precio de mi Sonrisa

## ADVERTENCIA

Este libro no fue fácil de escribir; tampoco es fácil de leer.

Si eres una persona con cierto grado de sensibilidad podría suceder que te impacte emocionalmente. Uso un lenguaje crudo y describo los hechos tal y como los recuerdo, sin escatimar algunos detalles muy duros.

Mi objetivo no ser escabrosa o regodearme en lo oscuro y doloroso, sino REMOVER CONCIENCIAS. Realidades que no he vivido solo yo, sino que, cuanto más converso y aprendo de las vidas de otros seres humanos, descubro que son "experiencias" que han sucedido, suceden y sucederán a muchas más personas de lo que te puedes imaginar.

Yo lo veo como un "holocausto emocional y físico" de criaturas indefensas, inocentes, un aniquilamiento silencioso y silenciado por una mayoría que o bien hace "la vista gorda" o lo utiliza como más le conviene.

Si te revuelves en la silla, o donde estés, este libro te trae una buena noticia: si lo deseas y decides puedes dejar de ser/sentirte víctima. Una herramienta muy poderosa para conseguirlo... SONREIR.

En estas páginas comparto contigo la manera en que yo he ido evolucionando hasta ser la mujer fabulosa y sonriente en que me he convertido, así como los diferentes "precios" que he ido pagando para conseguirlo.

Espero que te sirva, al menos, para ser más consciente de quién eres y de quién quieres ser... y para SONREIR.

Si quieres... ¡nos vemos al final del camino!

                              Sue

# PROPÓSITOS DE ESTE LIBRO

Son muchas las razones que me han motivado a escribir y promover este libro, pero el propósito fundamental del mismo es CREAR CONCIENCIA, así como removerlas, sobre qué es ser VÍCTIMA frente al victimismo, y cómo he puesto mi vida patas arriba, transformándome por completo.

Te relato mi historia, mis experiencias, mis éxitos y fracasos, mis emociones... en forma de crónicas. Y todo ello en PRIMERA PERSONA, poniéndome como ejemplo, desde mi punto de vista, que puede ser subjetivo, pero es desde el que yo vivo y siento las cosas.

Todo ello me ha costado un gran esfuerzo y baso la generación de mi actitud positiva en mi SONRISA. Y en la tuya. En la de cada uno de nosotros. Al inicio, cuando aprendí a Sonreír de verdad, se trataba más bien de una mueca, pero, con la práctica se ha convertido en parte inherente de mi personalidad y casi en una "seña de identidad" que me distingue de otros seres humanos.

Aquí pongo a TU DISPOSICIÓN una gran parte del TRABAJO PERSONAL que he ido y voy realizando, con y sin ayuda profesional, que me ha llevado al momento actual, en el que me siento feliz y plena.

Este libro está destinado a todo tipo de personas, orientaciones y sexualidades. Mi intención inicial fue la de escribir en género neutro, colocando una "x" en lugar de la "a" u "o", pero finalmente desistí de esa idea para facilitar la comprensión y comodidad de su lectura. Espero que entiendas mi decisión y no pienses que te estoy "ninguneando", porque no es así, en absoluto.

Mi interés no es el de ganar un Nobel de literatura, y seguro que este tomo se podría redactar mucho mejor, con una técnica y estilo diferentes, más sobresalientes y superiores, pero yo no soy una escritora profesional, ni es una de mis pretensiones; lo que yo quiero es CONECTAR CONTIGO Y COMUNICAR lo que me ha pasado, casi como me sale de "las tripas" y, te puedo asegurar que esta obra está siendo para mí como como dar a luz otro hijo, de parto natural, con todo mi amor.

Te cuento mi historia con realismo y crudeza, usando también elementos del COACHING, como son algunas preguntas, para reflexionar sobre temas muy complicados que generalmente se mantienen en secreto, se habla de ellos por encima o sin saber. Me he propuesto sacar a la luz la violencia, el maltrato, los abusos, desde la óptica de la víctima, pero sin victimismo.

## ¿QUÉ PUEDES ENCONTRAR EN ESTAS PÁGINAS?

Me hace gracia cuando oigo decir lo de "HAY QUE QUERERSE A UNO MISMO" pero, en realidad, casi nadie nos enseña CÓMO SE HACE ESO; hay que aprenderlo, o reaprenderlo, porque se nos olvida (o nos hacen olvidarlo).

Durante nuestra infancia adquirimos el conocimiento de la "querencia de uno" a través del EGOISMO, y cuando llegamos a mayores "olvidamos" enseñar a nuestros adolescentes, jóvenes y a nosotros mismos lo que es la VERDADERA AUTOESTIMA, el respeto por tu propia persona; no recordamos dedicar tiempo a aplicar y practicar el CUIDADO PERSONAL y con ello no hablo concretamente de la limpieza física, sino más bien de la EMOCIONAL y PSICOLÓGICA.

Tampoco se nos mueve a PEDIR AYUDA, no me refiero solamente a cosas cotidianas, como a que te pasen la sal si no llegas al salero en la mesa, sino a la AYUDA DE GENTE PROFESIONAL cuando pasas una época difícil o cuando la ansiedad o la tristeza se adueñan de tu existencia... (esto son solamente ejemplos).

En nuestra cultura parece que ir al psiquiatra o al psicólogo es signo de desequilibrio/locura y está mal visto, sobre todo si se trata del entorno laboral; en realidad, acudir a estas consultas debería dar la imagen contraria.

He sufrido muchos tipos de abuso y maltrato, desde muy pequeña, por parte de diferentes personas, incluso yo me lo he hecho a mí, y con todo lo que te voy a contar en estas páginas quiero transmitirte que, por muy difícil que parezca TODO SE PUEDE SUPERAR, si de verdad se desea y se está dispuesto a hacer el trabajo personal que supone.

Es cierto que a veces las circunstancias ayudan (o no) y para eso escribo mis experiencias, por si tú has pasado, pasas o en el futuro te ves en alguna de las situaciones que relato aquí.

Me gustaría que esta obra fuese INTERACTIVA: que no se quede en una mera narración por mi parte. Me encantaría recibir retroalimentación por tu parte. Sería genial recibir tus comentarios (espero que constructivos) y/o que me contaras tus experiencias o las de personas que conozcas.
Otro de mis propósitos es DAR VOZ a quien no la tiene o no se atreve a hablar. Si lo deseas, escríbeme a la siguiente dirección de correo electrónico: sue@suemagenta.com. Por mi parte te responderé lo antes posible.

Y aquí estamos, TÚ y YO, a punto de COMPARTIR todo esto, y de convertir MI VIDA y ESTE LIBRO en una HERRAMIENTA POSITIVA.

¡GRACIAS POR AYUDARME A REALIZAR ESTE SUEÑO Y TE INVITO A SONREIR CONMIGO!

El Precio de mi Sonrisa

# MUERTE

## *1. MI PRIMER RECUERDO*

Nací en Zaragoza, España, el 8 de abril de 1968, pero me fui con mis padres y mi hermana segunda (soy la mayor) a vivir a Canadá cuando tenía poco más de año y medio.

Mi primer recuerdo es olfativo y de cuando tendría unos dos o tres años: el olor de unas ceras "Crayola". Todavía residía en aquel otro país con mi familia, y puedo rememorar ese aroma perfectamente.

Le hice este comentario a mi madre hace mucho tiempo y ella terminó de describirme el resto de la escena: estaba en casa de su mejor amiga, "dibujando" con unas pinturas de esa marca, tumbada boca abajo en el suelo de moqueta.

Es un recuerdo neutro, pero bastante significativo para mí, que describe muy bien la forma en que percibo las cosas. Soy una persona kinestésica y tiendo a oler de forma sistemática a muchos humanos, a aprendérmelos también por sus aromas.

Tengo otra costumbre peculiar: huelo los objetos nuevos, o los regalos, antes y después de abrirlos, sobre todo si son de plástico. Además, continúo manteniendo viva mi memoria olfativa para otras muchas cosas...

## *2. AQUELLOS "MARAVILLOSOS" AÑOS*

Con 6 años, habíamos regresado de Canadá y mis padres ya no se llevaban bien. Vivíamos en Alcobendas (Madrid), en un piso de una zona que en aquella época estaba en las afueras, pero que en la actualidad pertenece al centro mismo de la ciudad. Mi hermana tercera había nacido en Toronto y mi madre estaba embarazada de la cuarta. Mi padre trabajaba como mecánico y, por entonces, mi madre como ama de casa. Teníamos bastantes problemas económicos: por ejemplo, no teníamos televisor, y la convivencia era bastante difícil.

Como tampoco teníamos lavadora, y mi madre estaba en estado, en algunos momentos me tocó hacer cosas como lavar sábanas en la bañera, a pesar de mi temprana edad.

Tengo algún recuerdo alegre de ese tiempo: de estar en la calle con otros niños en las zonas ajardinadas, tirada en el césped, comiendo las flores de trébol, que son dulces, o de cuando me mandaba mi madre a comprar yogures Yoplait (que a veces traían premio en la tapa) a la tienda que había en la esquina de la plaza, de cuando mi abuela paterna nos regaló el televisor y vi "Un globo, dos globos, tres globos..." por primera vez, o de cuando mis padres invitaron a mi profe de inglés a mi cumpleaños y mi madre hizo una tarta estupenda... poco más.

En esa época los niños pasábamos mucho tiempo jugando en la calle porque apenas había tráfico y se suponía que no había peligro... de que te atropellasen, claro. Pero, en esa plaza donde jugaba e iba a comprar yogures y tabaco para mi madre, había uno muy grande, y me atrapó en mi ingenuidad más absoluta. Un chico alto, rubio, con gafas, que solía estar por esa zona y que a mí me parecía muy mayor, se me acercó un día, me llevó un poco aparte y me contó el cuento de que estaba estudiando medicina para hacerse médico, que necesitaba practicar y que si yo le quería ayudar. ¿Cómo no iba querer yo ayudar a una persona que quería ser médico? En mi mente de niña de 6 años, ¡por supuesto que quería! Como no era un desconocido, aunque no me lo hubiesen presentado, acepté encantada. Entramos en *un portal de esa misma plaza y subimos por las escaleras, en lugar de coger el ascensor, hasta quedarnos entre dos pisos. Nos sentamos en los escalones y soy consciente de lo que pasó, pero no recuerdo todos los detalles de lo que ocurrió; están borrosos en mi mente.*

*Después me sentí muy confusa porque me dijo que era un secreto, que no se lo contase a nadie o algo así, y sobre todo porque cuando jugaba al fútbol con sus amigos ni siquiera me miraba o me hablaba. Por otra parte, me sentía muy extraña ya que sabía que pasaba algo raro, pero era demasiado pequeña e inocente. Yo guardé silencio como había prometido.*

*Hubo una segunda vez, no sé si alguna otra más, porque no me acuerdo, en que me llevó de nuevo a los escalones de ese portal, entre pisos, para "practicar como médico".*

*Parte de lo que sucedió continúa bloqueado o confuso en mi memoria, pero otras cosas las tengo muy claras. Fue tocándome mientras me hablaba; cuando yo estaba sin ropa de cintura para abajo hubo un momento en que él se sacó el pene con una gran erección, me agarró de un brazo y me dijo:" ¿Quieres que los juntemos?". Yo no sabía exactamente a qué se refería, pero me asusté mucho y le dije que "NO". No sé muy bien lo que siguió a eso, aunque sé que no me penetró, al menos con la polla, de eso estoy segura.*

*Esa fue la primera vez que vi un pene erecto, entre otras prácticas. No recuerdo el resto de palabras que me dijo, aparte de todos los pormenores de lo que me hizo, y no fui capaz de hablar sobre ello hasta los 20 años en que fui al psicólogo. Además, mi mente no es capaz de desbloquear parte de la información. Lo que sí puedo decir es que ahora reconozco que algunos de mis comportamientos sexuales, sobre todo en mis primeras experiencias, tuvieron que ver con las cosas que sucedieron en esos dos encuentros. De alguna forma fueron "aprendizajes" que en algún caso tuve que "desaprender" o modificar.*

*Desde aquello mi vida cambió, mi mundo interior se quebró, se rompió mi inocencia. Yo había sido siempre una niña bastante seria, pero mi tristeza se agudizó. Pasados los años, en la edad adulta, mi madre me contó (yo lo había olvidado) que en esa época comencé a despertarme llorando, diciendo que me dolían la espalda y la tripa. Al principio no me hicieron caso, pero que, aunque no tenía nada, a mí me dolían de verdad: era psicosomático. Por lo visto el pediatra me recetó un jarabe llamado "psicosoma" y se terminó el despertarme con dolor.*

\* \* \*

Por desgracia, el maltrato, los abusos y violencia sexuales en la infancia han existido siempre y, si no nos responsabilizamos de la protección de los menores, seguirá siendo un tema tan grave como se puso de manifiesto en El Consejo de Europa (2010): 1 de cada 5 niños en Europa ha sufrido, sufre o sufrirá algún tipo de violencia sexual. ¡Una barbaridad!

Yo fui una de ellos. Como era tan pequeña, no sabía ni lo que me estaba sucediendo ni tenía las herramientas necesarias para verbalizar lo que me ocurría. Otra cosa diferente es que, si me hubiesen prestado la atención adecuada, se habrían dado cuenta de lo que pasaba, por ejemplo, con lo de despertarme por las noches con dolor. Pero estos temas son tabúes y, o bien se ignoran, o se "hace la vista gorda" en la mayoría de los casos. Es cierto que en mi caso podría haberse debido a otros maltratos que estaba viviendo, pero con una educación sexual adecuada, tanto familiar como profesional, se habría podido detectar y, quizá, tratar de una manera temprana.

¿Qué cosas te relato que se repiten en casi todos los casos de abuso sexual infantil?
- Los agresores no suelen ser "desconocidos".
- Los agresores no son "viejos verdes", sino personas "normales".
- Lo abusos sexuales suelen ocurrir en el entorno del menor.
- Los agresores no siempre usan la violencia física, sino la psicológica: usan engaños, hacen pactos secretos con el menor para que no informe de lo sucedido y los niños lo ocultan por miedo o vergüenza, incluso durante años.
- Los abusadores pueden ser tanto mayores de edad como menores de edad con alguna condición de poder o control sobre el menor abusado.
- El abuso sexual puede ser puntual o prolongado en el tiempo.

Respecto a mí misma y mi experiencia, te puedo contar que, aunque me dañó mucho, con ayuda he logrado superar casi todo y, ahora mi profesión es Sex Coach, con la intención de ayudar a otros niños y adultos a vivir una sexualidad sana, positiva y satisfactoria, a divulgar y promover una Educación Sexual positiva, integradora e inclusiva, que no se base solo en enfermedades y reproducción.

Sigo en mi proceso, sobre todo por los episodios que mi mente ha bloqueado, pero cada vez estoy más segura y más fuerte, así que mi cerebro va desbloqueando cosas poco a poco. Hoy es 3 de junio de 2017 y anoche recordé parte del abuso sexual que te he contado. Te soy sincera cuando te digo que al inicio fue muy intenso emocionalmente, chocante, dramático, pero ya tengo herramienta para dejarlo salir, fluir, y decirme que **eso pertenece al pasado, que ahora soy una mujer**

adulta fuerte, que siente una pena infinita por aquella niña indefensa que fui, pero ya pasó, y esa niña me tiene a mí para cuidarla y protegerla.
Y cuento también con mi pareja, que me sostuvo y colmó de amor durante el tiempo que duró la angustia y la tristeza, hasta que conseguí relajarme. Y tengo la certeza de que sigue ahí, después, para mí. Y eso es algo que he/hemos conseguido trabajando mucho.

Y este es el mensaje que te quiero dar: hay personas que lo superan con facilidad y no necesitan tratamiento, y otras a las que nos cuesta más, pero se supera, eso sí, CON AYUDA. Está claro que tu situación final depende tanto de los hechos en sí como de los acontecimientos posteriores, pero cuanto antes se detecte, mucho mejor.

Otra cosa muy importante es tu actitud y lo que transmitas al niño que ha sufrido este tipo de experiencia traumática.

Es muy difícil sonreír cuando estás inmerso en este tipo de situaciones o rodeado de personas horribles. Y yo me desarrollé como una niña triste y seria.

Si sientes lo mismo, tengo una buena noticia: eso puede cambiar y depende mucho de ti, de tu actitud. Y me puedes decir: "¿Qué puedo hacer yo?

- Si un niño te cuenta que ha sufrido algún tipo de abuso o violencia sexuales, escúchale y no cuestiones la veracidad de lo que te cuenta, porque debido al miedo o la vergüenza le estará costando relatar lo ocurrido. No niegues que el abuso ha ocurrido.
- Explícale y repítele que no ha sido por su culpa.
- Dile que no estás enfadado, sino muy orgulloso de que te lo haya contado, y sé afectuoso con palabras que le ayuden a relajarse y a sentirse protegido/querido.
- Dile que vas a intentar buscar ayuda y que las cosas van a cambiar.
- Haz lo posible por mantener al agresor alejado del menor.
- Intenta no mostrar alarma, tristeza o angustia, para ayudarle a sentirse seguro y protegido.
- Sé afectuoso, pero, si el menor te dice que no le beses, le toques o le acaricies, respétale.
- No le sobreprotejas ni cambies tu forma de relacionarte con él.

Y si necesitas ayuda, puedes ponerte en contacto con alguna asociación u ONG que se dedique a temas de infancia, como, por ejemplo, en España, la FAPMI, Federación de Asociaciones para la Prevención del Maltrato Infantil (www.fapmi.es) o el teléfono europeo de ayuda a la infancia 116 111, que es gratuito.

## *3. LANZAMIENTO DESESPERADO*

Mis padres discutían mucho y en nuestra presencia. Seguramente se querían, pero el hecho de tener tanta prole, los problemas económicos, la inexperiencia, sus pasados emocionales tanto del uno como de la otra, y otras dificultades que se fueron añadiendo que no les favorecieron.

Mi madre provenía de una familia holandesa que emigró a Canadá tras la Segunda Guerra Mundial casi con lo puesto, tras las inundaciones de Holanda, en busca de un futuro mejor. Sus padres (mis abuelos) eran calvinistas por lo que "no se bailaba, se escuchaba solamente música clásica" ... el trabajo duro dignifica, etc., no eran afectuosos y no supieron darle cariño, ni le enseñaron a darlo. Se enseñaba con "mano dura" y eran muy estrictos. Como ejemplo puedo decir que, cuando mi abuela se quiso divorciar de mi abuelo, propuso dejar a sus dos hijas (mi tía y mi madre) en un orfanato. Al final decidieron que mi tía se quedase con mi abuela y mi madre con mi abuelo. De este modo las hermanas estuvieron separadas casi 30 años porque, entre otras cosas, las niñas tuvieron que elegir con cuál de sus progenitores quedarse, y aquello hizo que se enfadaran entre ellas, como es comprensible por otra parte. Al menos esta historia de hermanas tuvo un final feliz una vez transcurridas esas 3 décadas.

Los padres de mi padre, que es español de nacimiento, provenían del mundo del teatro y, como casi siempre estaban de "tournée", metieron a mi tío y a mi padre en un internado de curas, cuando eran muy pequeños, en Madrid, así que apenas les veían o tenían contacto con ellos.

Cuando mi abuela abandonó el mundo de la farándula y se marchó a vivir a Zaragoza, sacó a sus dos hijos del colegio donde habían estado internos, entonces ya eran adolescentes. La relación entre ellos nunca fue especialmente buena por diversas razones que te iré exponiendo más adelante.

* * *

Una tarde/noche, cuando yo tenía 7 años y mi madre estaba ya en *avanzado estado de gestación, mis padres se estaban peleando muy acaloradamente y no sé si fue mi madre la que le dijo que se marchase, o mi padre directamente dijo que se iba de casa, pero, cuando le vi coger una manta que había en un sillón del salón y dirigirse hacia la puerta, para mí era el fin: se iba la persona que más quería en el mundo y me quedaba con mi madre, que me pegaba bastante, y con mis hermanas, de las que me tenía que ocupar a veces "porque yo era la hermana mayor".*

*En ese momento algo se rompió para siempre en mi interior, y todo dejó de tener sentido. De repente, la angustia se tornó en pánico y salí corriendo hacia una ventana del salón para lanzarme por ella al vacío...*

*Está claro que consiguieron detenerme y sujetarme para que no lo hiciera. Me llevaron a dormir a casa de una amiga. Solamente recuerdo que entre los objetos que me llevé estaban unos cubiertos de plata que tenían grabado "Susi", el nombre con el que me llamaban de pequeña. Hay que ver las cosas de las que se acuerda una...*

* * *

La angustia y desesperación te pueden llevar a situaciones límite, como a intentar cometer suicidio, aunque sea a una edad tan temprana. Algunas personas podrían tacharte de "cobarde", pero tú sabes que no lo eres, que se trata momentos de estrés extremo en el que uno se siente atrapado, sin una salida mejor que la de "acabar con todo para dejar de sufrir". Pero se sale y se aprende a vivir todo lo bueno y maravilloso que nos ofrece la vida.

Por otra parte, quería ponerte de manifiesto la importancia del entorno y, sobre todo, en mi caso, de la educación que recibieron mis padres, la vida que tuvieron, antes incluso de conocerse: la falta de cariño, el desapego, los limitados recursos para gestionar sus emociones y de comunicarse, las diferencias culturales y religiosas...

Niños y personas de todas las clases sociales pueden sufrir de estas faltas de afecto, educación, recursos... negligencia, soledad, desesperación que nos pueden llevar a comportarnos de manera extrema.

Mi opinión al respecto es que cualquiera puede ser o sentirse VICTIMA, pero uno de mis objetivos al escribirte este libro es que, si tú lo eres, puedes dejar de serlo. Tienes derecho a vivir tu duelo y tomarte tu tiempo para superar tus circunstancias, pero el VICTIMISMO no te va a ayudar.

Todo lo contrario, te mantiene en tu posición de desventaja y prolonga tu dolor. Y lo increíble es que hay gente que, para sentirse mejor, o en una situación de poder, tenderá a hacer lo posible para que no salgas de ese "agujero", a veces sobreprotegiendo, otras

controlando tu vida y tu entorno, creándote un conjunto de pensamientos, creencias negativas...
Son vampiros emocionales que se nutren de tu sufrimiento. Y se puede aprender a localizarlos y eliminarlos de tu vida. ¿Cómo? Uno de los primeros pasos es con el RESPETO a tu persona. Cuando empiezas a respetarte y a quererte, tu entorno comienza a cambiar contigo. Es como magia. TU MAGIA.

Pero lo que quiero que tengas claro es que VIVIR POSITIVAMENTE DEPENDE DE QUE TÚ QUIERAS. Ese es uno de los precios a pagar: el trabajo personal, pero te aseguro que merece totalmente la pena. Por eso te presento el ejemplo de mi vida.

## *4. HISTORIA DE ESPAÑA*

El 16 de enero de 1976 iba sentada en el asiento del copiloto del seiscientos con mi padre. Era por la tarde, pero no sabría decir la hora, ni siquiera aproximada. Imagino que nos dirigíamos a La Moraleja, que entonces era donde vivían los militares americanos destinados en la Base Aérea, con sus familias.

Durante unos días estuve viviendo allí en casa de unos amigos de mis padres, que nos habían acogido a mi hermana la cuarta (que cumplía un año ese mismo mes) y a mí; así mi padre podía ir a trabajar con libertad y llevarme/recogerme del colegio. Nuestra madre se había ido a Barcelona con mi hermana segunda a visitar a un médico y la tercera estaba en Zaragoza con nuestra abuela paterna.

Como te decía, mi padre iba conduciendo tranquilamente y, de repente, un tipo con una moto empezó a hacer cosas raras desde el carril de la derecha, acercándose peligrosamente a la puerta del coche donde yo estaba sentada, como si fuese a patearla. Mi padre le espetó para que dejara de hacerlo, pero éste siguió como si nada, con sus maniobras intimidatorias, a punto de chocar con nosotros. Yo cada vez estaba más asustada, la tensión aumentaba por momentos y mi progenitor amenazó al motorista intentando protegerme.

A los pocos metros nos paró un coche de la Guardia Civil, que está claro que nos estaba esperando. Los "picoletos" que ocupaban el vehículo nos hicieron bajar del seiscientos a mi padre y a mí.

No sé lo que hablarían con él, pero lo que sí recuerdo perfectamente es a esos dos hombres enormes uniformados apuntándome con sus fusiles (o como quiera que se llamen esas cosas), y sigo sintiendo pavor.

No podría decir cuánto rato nos retuvieron, porque el tiempo transcurrido después de eso lo he borrado de mi memoria, pero cuando nos "soltaron" mi padre me debió llevar a La Moraleja para que yo durmiera allí y volverse él a nuestra casa, como estaba previsto.

Debido a ese suceso tengo un miedo atroz a las armas, aparte de que *me considero una persona pacífica, y las detesto, por mucho que me intenten convencer de que también sirven para "mantener la paz".*

*Desde aquella noche no volví a saber de mi padre hasta tres años más tarde... Como yo era pequeña no tenía ni idea de que Franco había muerto hacía pocos meses, que mi progenitor era un activista político y que tuvo que irse del país porque corría peligro, pero esto forma parte de otra historia, la Historia de España.*

\*\*\*

Mi padre me dice muchas veces que este país nos debe a mis hermanas y a mí mucha de la libertad de la que disfrutamos, pero, si te soy sincera, a mí no me sirve de consuelo.
No hace falta más que leer un poco o ver las noticias para ver, que los que sufren las consecuencias de las situaciones políticas revueltas, de los conflictos bélicos, de la explotación sexual, en mayor medida, son los niños.

Por otra parte, reflexiono y me pregunto, al hilo de lo que te contado: "¿Qué es más importante, tus hijos indefensos o tus ideas políticas?"

Mi prioridad son las personas, no las ideas. Y no creo en eso de que el fin justifica los medios.

Cuando tenemos hijos, más o menos deseados, tenemos una responsabilidad sobre ellos. No solo de alimentarlos y cuidarlos para que estén sanos, sino también de educarles y darles las herramientas emocionales, psicológicas, que les permitan madurar y ser capaces de resolver los retos y bondades que les ofrezca su vida.

Aprender a sonreír y a superarse, a amar, a respetar, a expresarse de un modo asertivo, en todos los ámbitos de su existencia.

¿Cuáles son tus prioridades? Si eres capaz de ponerte en la piel de mi padre, ¿habrías hecho lo mismo? ¿cómo crees que habrías reaccionado ante esa situación vital?

Y si tienes responsabilidades sobre otras personas, ¿cómo ejerces esa responsabilidad como madre/padre, jefa/e, etc.?

## *5. MI AUSCHWITZ PARTICULAR*

Está claro que cuando mi padre nos dejó, parecía que la mejor solución para mi madre y las cuatro niñas, era que nos fuésemos a vivir a Zaragoza con mi abuela paterna, dado que en esa época apenas se podía hacer nada sin la firma y/o el consentimiento del marido; por otra parte, nos había dejado con un montón de deudas, junto con el "marrón" personal. Lo que no sabíamos, al menos yo lo desconocía, es que la peor parte de mi vida estaba aún por llegar. Nos mudamos al que sería lo que yo llamo en la actualidad mi "Auschwitz particular".

Las cosas fueron difíciles tanto para mi madre como para mis hermanas y para mí, y hay que agradecer que la madre de mi padre nos acogiese en su casa tras la marcha de mi progenitor, porque para ella no debió ser sencillo, ni un camino de rosas, pero todas pagamos un precio MUY, MUY CARO, cada una a su manera.

Voy a escribir especialmente sobre lo que me afectó A MÍ, sobre cómo lo viví y mis interacciones con el resto de las que vivíamos en ese piso, pero te aseguro que lo que también tuvieron que pasar mis hermanas y mi madre difícilmente se puede describir con palabras.

Mi madre, con dos trabajos como profesora de idiomas, estaba fuera de casa casi todo el día. La veíamos un rato a la hora de la comida, por la noche cuando nos venía a dar un beso de buenas noches y los fines de semana.

Mi relación con ella hasta el momento había sido agridulce: se esforzaba muchas veces por ser cariñosa pero no le salía; tampoco le habían dado demasiado afecto en su infancia ni le habían enseñado a demostrarlo; le habían inculcado que había que educar en plan "Srta. Rottenmeyer" y que no podía mostrarse "blanda" con los hijos, así que era muy estricta y me/nos pegaba para castigarnos. Según lo veo, a mí, demasiado; imagino que yo debía ser muy trasto a su parecer...

Y además estaba la competencia por su amor con mis hermanas. De hecho, mi madre llegó a decirnos que hacía lo que podía, pero que no tenía amor suficiente para repartir entre las cuatro... ¿¿¿???

* * *

Mi abuela siempre me decía que era su "nieta favorita". Yo fui la primera de mi generación en nacer. Después fueron mis hermanas y primas, todas mujeres.
Sé que esa afirmación suya era cierta, que yo era "especial" para ella, pero su amor era tóxico, enfermizo y como dice el refrán "hay amores que matan".
Siempre mantuvimos una doble relación amor-desamor.

Según he podido saber, desde que vine al mundo y desde donde alcanza mi memoria, hizo todo lo posible por crear un lazo de DEPENDENCIA EMOCIONAL TOTAL de mí hacia ella:

Hacía cosas conmigo que no hacía con ninguna de mis hermanas y me repetía muy a menudo que yo era su nieta preferida, la mayor. Por ejemplo, de vez en cuando íbamos a misa de seis de la mañana a la Basílica del Pilar porque la cantaban los Infánticos, así que me quedaba a dormir con ella en su cama, nos dábamos el madrugón para asistir a esta eucaristía diferente, y luego nos tomábamos un desayuno especial... O viajábamos a Teruel, las dos solas, para ver al "Torico", aunque no me acuerdo si hacíamos alguna otra cosa más o si había otro motivo por el que quisiera desplazarse hasta allí.

Ella conocía perfectamente las dificultades que tenía en la relación con mi madre. Desde que mi padre se fue, y nos mudamos a su casa, dedicó mucho esfuerzo a repetir que "la culpa de que mi padre se fuera era de mi madre", porque entre otras lindezas (según su versión), mi madre era muy guarra porque ponía los pañales sucios de mi hermana cuarta en el fregadero de la cocina, que con lo pequeña que era me hacía lavar la ropa en la bañera, que si se gastaba el dinero en esto o en lo otro... y también hacía mucho hincapié en que quería más a mis hermanas, sobre todo a la segunda. Estaba empeñada en que me llevase mal con ellas, que las odiase y ser ella la protagonista, el objeto de mi amor.

Pero eso lo sé ahora que soy adulta; entonces estaba siendo cruelmente manipulada.

Si mi madre me reñía o castigaba, me llevaba aparte a escondidas, hablándome en voz muy baja, me decía que "nadie me iba a querer más que la yaya", y me abrazaba fuerte.

Como te expresé anteriormente, mi padre había sido la persona más importante del mundo para mí, y por entonces aún lo seguía siendo, y más teniendo en cuenta que no sabía dónde se encontraba, que le tenía totalmente idealizado, por lo que los alegatos que hacía en contra de mi madre no hacían más que acrecentar mi odio hacia ella.

Muchas veces me llevaba a dormir la siesta con ella, a solas o con el yayo Pepe, y aprovechaba esos momentos de tranquilidad para hacerme la dichosa pregunta: "¿A quién quieres más: ¿a mamá, a papá, al yayo o a la yaya?", y yo, para que estuviera contenta, le decía: "a la yaya". Y ella me respondía: "Nooo, Susi, nooo, tienes que querer más a mamá". Y así iba reforzando más y más ese vínculo tóxico de dependencia hacia ella

Con esta manera de lavarme el cerebro, y sus muchas estrategias emocionales, consiguió que detestase a mi madre. Con aproximadamente 10 u 11 años yo estaba ya tan desquiciada que, a veces, sí me enfadaba con ella, me daban crisis nerviosas, me ponía histérica y comenzaba a gritarle: · ¡TE ODIO, ¡MAMÁ, TE ODIO...!". Y cuando me hartaba de gritar me iba a un rincón para acurrucarme y llorar hasta que no me quedaban más lágrimas. Recuerdo una ocasión en concreto en que estaba tan furiosa que acorralé a mi madre en el hall de la casa con actitud y chillidos amenazantes. Ella no decía nada, solamente me miraba desde la penumbra, imagino que asustada y triste. Todavía puedo rememorar la fuerza de las pulsaciones de la sangre que recorría mi cuerpo bombeando mi corazón de tal manera que parecía que se me iba a salir del pecho, el latido de la misma en mis sienes, la rabia que me brotaba de la boca, de los ojos, de cada uno de los poros de mi piel... y cómo, en cada uno de esos desesperados "Te odio...", le estaba diciendo: "¡Mamá, ayúdame, por favor, ¿es que no ves lo que me está haciendo esta mujer?...¡¡¡SÁLVAME!!!", pero por supuesto, ella no lo podía entender, porque yo no sabía enviar las señales ni los mensajes correctos, estaba envenenada.

Mi mayor rabia era el hecho de que, en la superficie, la odiaba por muchas cosas cuando lo que yo quería y necesitaba, desde lo más profundo de mi ser, era su AMOR. Amaba y necesitaba a mi madre y ahora sé que ella también a mí, mucho, más de lo que yo podía imaginar entonces, pero mi abuela se interponía entre nosotras.

Para tranquilizarme, y que no se repitieran estos episodios neuróticos, me recetaron unas pastillas de un ansiolítico que se llamaba DAPAZ. No sé cuánto tiempo me dieron ese tratamiento.

También, en ocasiones, utilizaba a mis hermanas para manipularme, escudándose en mis celos hacia ellas: me llevo 17 meses de edad con la segunda; ésta, 15 meses con la tercera, y entre la pequeña y yo solo hay una diferencia de siete años.

Mi "pelusa" era completamente normal, tal y como lo veo yo ahora que soy mayor, pero hasta mis celos usó. Ya te contaba más arriba cómo me ponía en contra de mi madre usando su "amor preferente por mis hermanas": de esta forma mataba todos los pájaros de un tiro. Me creaba el "mal rollo" hacia todas, madre y hermanas, y el amor absoluto hacia ella.

Desconozco la razón, pero mi abuela sentía una especial aversión por mi hermana segunda y, por supuesto, me creó un conflicto y competencia con ella casi de por vida.

Un día, con unos nueve años o así, llegó a decirme que mi hermana era UNA ZORRA. Cuando se dio cuenta de lo que había soltado, y de que mi hermana estaba delante, reculó, explicando que las zorras son unos animales muy inteligentes y que por eso lo había dicho.

Me decía que era la favorita de mi madre PORQUE ERA LA MÁS GUAPA, creándome a mí un complejo de fea respecto de ella, de paso. El problema es que mi hermana, en efecto, era espectacularmente bella y mucha gente tenía la poca delicadeza de hacer comentarios delante de mí sobre lo agraciada que era, algo que no ayudaba, sino todo lo contrario.

Recuerdo perfectamente al cartero de nuestra zona, que durante años fue el mismo, claro está, y que, cada vez que me veía y me daba el correo en mano me preguntaba: "¿Dónde está tu hermana, la guapa?". Yo me callaba por educación, pero cada vez que me hacía la puñetera pregunta le hubiera mandado bien lejos con un insulto...

Mi hermana no tenía la culpa de su belleza y simpatía naturales. Yo era la que estaba triste, amargada y envenenada, con la autoestima dañada por mi torturadora.

\* \* \*

También sobre esa época mi sobrepeso ya era considerable por lo que me llevaron a una clínica del Coso de Zaragoza donde me pusieron a dieta y comencé unas sesiones con un terapeuta llamado Avelino, que me hizo varios test psicológicos y con el que hablé y me desahogué un poco. Pero aquello tampoco me ayudó demasiado. Al tiempo se descubrió que no era psicólogo de verdad, que era una estafa. Un fiasco... Pero al menos se intentó algo.

Mi abuela era experta en proyectar una imagen de niña problemática de mí: a cualquier médico que fuésemos le explicaba que yo tenía "problemas" y que por eso estaba gorda. No me dejaba explicarme ni hablar. Ella dirigía las situaciones y llevaba mis cosas. Y yo me dejaba, porque "nadie me quería ni me iba a querer como ella"; ella, que me prestaba toda la atención y me daba todo el cariño.

Así que me convertí en una niña seria, con dificultades para socializar, muy problemática, rara, que además tenía sobrepeso, por lo que se reían de ella llamándola "gorda, foca...", torpe porque estaba llena de complejos y llevaba gafas para terminar de completar el cuadro: una "cuatro ojos"...

\* \* \*

La razón de que haya considerado la casa de mi abuela "mi Auschwitz particular", es porque ella fue conmigo una auténtica SÁDICA, no solo mental como te he descrito anteriormente, sino también a nivel físico, y no en plan "amoroso", como lo que te conté anteriormente; al contrario, fue una completa sádica, y muchas veces se explayaba conmigo. Cuando se ponía en ese "modo" me daba terror.

Cuando se enfadaba, que era muy a menudo porque tenía un carácter muy fuerte, me/nos pegaba. Mi madre también lo hacía, con la mano o la zapatilla, pero mi abuela, además, como se cansaba con la mano o con lo que hubiera cogido, acababa dándome patadas.

En una ocasión sacó la correa de uno de los perros y me pegó con ella, con la consiguiente amenaza de que no se lo contase a mi madre o a alguien más o sería peor, y sabía que era capaz de cumplirlo, así que mantuve silencio.
En aquella ocasión me azotó porque, según ella, yo le había robado un collar de perlas del joyero, cosa que yo le negué porque, en efecto, no había sido así. Pasados unos días me dijo que había encontrado la joya en cuestión. Me explicó que estaba en su caja fuerte del banco: que había olvidado que lo había llevado allí por seguridad. Jamás me pidió disculpas ni perdón por aquello. Solo me dijo que pensó que yo lo había cogido para jugar, que lo habría envuelto y lo había perdido.

Una de las frases que más le gustaba repetirme cuando me tenía en el suelo, cuando me sacudía, era: "Te voy a bailar una Java encima de la tripa", con cara de saña, con rabia, enseñándome los dientes. Nunca he sabido qué baile era ese, ni lo he querido ver en internet, aunque seguramente haya algún vídeo tutorial de esta danza antigua.

Otro episodio terrorífico que nunca podré olvidar fue un día en que, no sé por qué motivo se enfadó conmigo, cogió uno de los cuchillos grandes de la cocina y empezó a perseguirme corriendo alrededor de la mesa del comedor, gritando mientras me amenazaba con él: "¡¡¡¡Te voy a matar, te voy a matar!!!!", ante la asustada y atónita mirada de mis hermanas. Esto tampoco llegó a oídos de mi madre hasta muchos, muchos años después.

Yo pensaba que esa mujer era capaz de todo, de verdad. Podía ser muy amorosa o el ser más diabólico de la Tierra y nunca se sabía por dónde iba a salir, o cómo iba a reaccionar, por lo que tenía que mantenerme siempre alerta.

En otra ocasión fui sola con ella de viaje a Francia a ver a mis tíos, que entre otras cosas eran mis padrinos de bautizo. Uno de aquellos días estaba a solas en la habitación de mis primas y, enredando, se me cayó un cartucho para pluma estilográfica al suelo de moqueta, manchándola un poco de tinta azul. Me asusté por la que se podía liar y no dije nada, así que cuando mis tíos se dieron cuenta, aún fue peor. Ellos se enfadaron, pero tampoco fue para tanto; lo peor vino después. Esa tarde íbamos a haber ido todos juntos a una especie de feria/parque de atracciones, pero mi abuela dijo que ella y yo nos quedábamos en la casa, que yo estaba castigada sin fiesta. Cuando se fueron continuó echándome la bronca por lo que había hecho y me dijo que me tumbara en la litera de arriba, que ella se echaba en la de abajo para dormir la siesta.

Aquellas fueron algunas de las horas más atroces de mi vida; se dedicó a azuzarme a cada rato, haciendo como que se levantaba de la cama: "¡Baja de ahí y vamos a la cocina, que te voy a cortar las manos!", con la voz más aterradora y convincente que te puedas imaginar. Y yo, llorando, muerta de miedo y de pánico, pegada lo máximo que podía a la pared le decía: "No, yaya, por favor, no me las cortes... perdóname... no me cortes las manos...", y cuando me calmaba y pasaba un rato, empezaba de nuevo. Así durante todo el tiempo que estuvieron mis tíos y primas fuera. Cuando regresaron fue como si hubiese despertado de la peor pesadilla de mi vida. Estaba destrozada, y mi abuela, como si nada.

Hubo otro día con un suceso divertido, en que se pudo organizar un buen follón, pero al final no pasó nada grave. Debía ser primavera o principios de otoño porque la ventana de nuestro cuarto estaba abierta. Las cuatro hermanas dormíamos en la misma habitación, en dos literas blancas de madera: las dos hermanas mayores en las de abajo y las pequeñas en las de arriba con unas barras protectoras. Alguna trastada habríamos hecho porque mi abuela nos estaba regañando acaloradamente cuando, de repente, cogió un zapato de tacón rojo de mi madre y nos lo lanzó con fuerza, pero quien fuera se agachó y salió volando por la ventana a la calle. Menos mal que no le dio a nadie en la cabeza y no sucedió nada grave aparte del cabreo añadido de mi abuela por tener que bajar a por el proyectil que *había enviado fuera de la vivienda... Luego nos reímos... pero mucho tiempo después.*

\* \* \*

Ahora que soy adulta, que reflexiono sobre los hechos y situaciones que te he relatado en este capítulo, he llegado a ciertas conclusiones reveladoras:

- Mi madre estaba en una situación personal límite: sola con cuatro hijas pequeñas que sacar adelante y con el enemigo en casa.
Tenía un bloqueo emocional debido a su situación, educación y pasado que le hacían muy difícil expresar su amor/cariño, aparte de una autoestima machacada, que le impedían actuar de otra manera. Ella estaba teniendo unas vivencias muy difíciles, sufriendo agresiones psicológicas de muchos tipos contra su persona y se encontraba en "modo supervivencia". Cuando fui lo suficientemente mayor me confesó que, en aquellos tiempos, conseguía seguir adelante gracias al "Valium".

- El dicho "Hay amores que matan" es real: era la preferida de mi abuela, tenía ciertos "privilegios" por ello, pero por otra parte construyó una Dependencia emocional, Superprotección y Relación Tóxica que casi acabaron conmigo.
Tanto la violencia física como la mental/emocional, sobre todo, que ejerció sobre mí, en diversos modos como, por ejemplo, la coacción y la tortura, no son algo tan extraño en muchas familias. Somos muchos los niños y niñas víctimas de estas agresiones.

Por otra parte, mi abuela y mi madre me crearon otro grave daño en la autoestima, cuyos efectos arrastro hasta la actualidad, a base de repetirme: "Si no te pones guapa y estás delgada, **no te van a querer**".
Es la GORDOFOBIA generalizada en nuestra sociedad, nuestra cultura, que se extiende a los hombres gordos también. Es una forma muy extendida y aceptada de VIOLENCIA de la que deberíamos ser conscientes, sobre todo por sus graves consecuencias.

Otro daño importante es el de que comenzasen a darme medicación desde tan niña con un producto que era para adultos. No sé quién lo recetaría, pero creo que para mi cerebro no fue nada bueno. Las consecuencias las vivo ahora que he crecido y madurado.

Si me preguntasen en la actualidad si considero peor el maltrato físico al emocional/psicológico, sin duda mi respuesta sería que el segundo, aunque está claro que lo idóneo es la ausencia total de maltrato, sin importar de qué forma se trate. Las heridas físicas se curan mucho más fácilmente y en menos tiempo, aunque sean graves.

Si te hiciesen esa pregunta a ti, ¿qué responderías? ¿Cuál o cuáles serían las razones de tu respuesta?

## *6. EL JEFE*

Desde que puedo recordar, a mi abuelo paterno le llamábamos YAYO PEPE. Cuando no teníamos cole por las mañanas, quedábamos para verle en la cafetería "Las Vegas" del Coso Bajo de Zaragoza, donde siempre me tomaba un vaso de leche con azúcar (si lo hiciese ahora, vomitaría porque me sienta fatal la lactosa) y un lazo de hojaldre con miel, espolvoreado con trocitos de almendras, que me encantaba.

Aparte de estas visitas matutinas, veíamos al yayo Pepe cuando venía por las tardes a casa de mi abuela, aproximadamente a la misma hora, sería sobre las seis o así. Se quedaba un buen rato y luego se iba de nuevo. Cuando aparecía por la puerta siempre solía hacer lo mismo: se sentaba en el salón, en su sillón, a leer el periódico, mientras mi abuela se sentaba en el otro, que era igual, y charlaban. Nosotras a veces jugábamos en la misma estancia y/o hacíamos representaciones de "teatro", o bailes que preparábamos, cosas así, y el yayo las veía con paciencia y nos aplaudía.

Cuando era bastante más pequeña, el dormitorio de la abuela estaba situado en lo que después fue el comedor y, en verano, cuando aún hacía mucho calor, antes de dirigirse al salón y sentarse en su sillón, la yaya y el yayo se iban al cuarto a dormir la siesta, y en algunas ocasiones (no me acuerdo si muchas o pocas) me llevaban a mí con ellos. Ahora que soy adulta me pregunto qué harían mis hermanas mientras tanto, ¿quizá dormir en nuestra habitación?...

No puedo rememorar con detalle qué pasaba en esas "siestas" porque no sé si dormíamos. Lo que sí recuerdo perfectamente es que estaba tumbada entre ellos, en la cama, y que mi abuela me hablaba muy bajito. Me contaba muchas cosas, sobre lo que me ellos querían, sobre mi padre, y este era uno de esos ratos en que acababa haciéndome la famosa preguntita de: "¿A quién quieres más, a papá, a mamá o a la yaya?". Y yo le respondía que "a la yaya" y ella me contestaba de nuevo: "No, Susi, no. Tienes que querer más a mamá". Y añadía más tarde: "Recuerda que nadie te va a querer más que la yaya..."

\* \* \*

El yayo Pepe participaba de las fiestas familiares como nuestras comuniones, eventos del estilo; de hecho, aparece en las fotos que hacíamos.

Mi madre, mi padre y mi tío llamaban al yayo Pepe "el Jefe", como mucha otra gente; en este caso desconozco la razón.

Lo que sí sé es que el hermano de mi padre se fue bastante joven a vivir a Francia con el hermano mayor de mi abuela, el yayo Rafael; no tengo muy claro si fue solamente por temas de acceso a mayores posibilidades profesionales, o por el hecho (del que tuve conocimiento hace no muchos años) de que el Jefe tuvo un hijo con la primera novia estable de mi tío y éste se quitó, o lo quitaron, de en medio para evitar problemas.

El yayo Pepe venía a veces a casa acompañado por dos señores amigos suyos, que pasados muchos años supe que trabajaban para él.
Una tarde uno de ellos le dijo a una de mis hermanas que se sentara en sus rodillas y mi hermana lo hizo, sin temor, ya que era una persona muy conocida. Cuando mi abuela se dio cuenta riñó a mi hermana, le dijo que no se le ocurriera volver a sentarse en las rodillas de "ese señor" y se acaloró mucho, como si mi hermana hubiera hecho algo horrible. Mis hermanas y yo no entendíamos nada, entre otras cosas porque nos sentábamos en las rodillas del yayo Pepe constantemente, y no pasaba nada.

\* \* \*

Él era también quien nos daba la paga semanal, normalmente y, a veces, algún dinerillo extra, si nos lo habíamos ganado, o de menos, si estábamos castigadas. Durante mucho tiempo la

paga fueron 25 pesetas: 1 duro (5 pesetas) era para echarlo en el cesto en misa y el resto para chuches o lo que quisiéramos. Me gustaba mucho el sonido del duro cuando caía encima del resto de monedas y billetes en el cestillo de la eucaristía. También el hecho de ponerme la ropa de los domingos para ir a la iglesia y tomar "el vermú" antes de comer.
Me disgustaban las bragas y los calcetines de perlé de algodón porque tengo la piel sensible y se me clavaban en el culo al sentarme y en los pies con los zapatos al caminar.

Una tarde, cuando tenía 10 u 11 años y aún no me había venido la regla, mi abuela me llevó al salón con el yayo, pero cerró la puerta. Me puso de pie frente a él, que estaba sentado en su sillón de siempre, y me dijo: "Enséñale las tetitas al yayo, que vea lo mayor que te estás haciendo" ... Yo me sentí bastante incómoda y avergonzada pero como era mi abuelo y me lo decía mi abuela, obedecí y me subí la parte de arriba para que pudiera ver mis incipientes pechos.

Con trece años, no sé cómo surgió, ni cómo sucedió, aunque creo que fue mi madre la que me lo contó, pero me enteré de que el yayo Pepe no era mi abuelo de verdad, sino que fue la persona que retiró a mi abuela del teatro y quien le compró el piso donde vivíamos; que él tenía otra familia, y que por eso no dormía en casa, etc. Me supuso una enorme impresión enterarme de ello, no solo por haber estado viviendo una gran mentira durante tantos años, sino porque encima le había enseñado las tetas.

Yo sabía en mi interior que enseñárselas no estaba bien, pero lo hice porque pensaba que era mi familia; en aquel momento me asaltaron muchos pensamientos y sentimientos: impotencia, indefensión, rabia, desconcierto...

*  *  *

Por todo lo que te he relatado anteriormente tuve y tengo sentimientos encontrados hacia esta persona porque, por un lado, lo quise como mi propio abuelo durante muchos años, y por otro descubrí que no lo era; viví una falacia durante trece años y, además, pude ver finalmente que era un pervertido, como muchas personas de mi entorno. Ahora agradezco que falleciese cuando yo era adolescente, cuando no tenía apenas contacto *con mi abuela, porque eso me evitó muchos posibles disgustos a "posteriori", aunque para mi abuela fuera un descalabro emocional y financiero, dado que ella no trabajaba fuera de casa y sus ingresos personales provenían de él y de la pensión que recibía.*

\* \* \*

Por experiencia sé que las mentiras acaban por salir a la luz, y no hay ninguna inocente, ni siquiera las llamadas "piadosas". Acaban haciendo daño igualmente. Son otro tipo de agresión.

Opino que es mejor no decir toda la verdad, no dar todos o ningún detalle, antes que mentir, por las razones que te acabo de dar en el párrafo anterior.

Como has visto en este capítulo, la tortura psicológica no tiene por qué darse en forma de gritos, insultos, silencios incómodos, sino que el chantaje emocional usando recursos aparentemente positivos, de "cariño" y "amor" pueden ser incluso peor. Como ejemplos ilustrativos esa pregunta puñetera de "¿A quién quieres más?" o decirte que NADIE te va a querer más (ocurre en muchas relaciones tóxicas de pareja también), son formas de violencia psicológica con una carga emocional terrible, y más si se trata de un niño o una niña, que no saben ni pueden defenderse.

Te he relatado algunos episodios de agresiones sexuales a las que fui sometida "gracias" a mi abuela, que los promovió y organizó.

Una gran parte de los abusos sexuales en la infancia son infligidos por parte de familiares y casi siempre las familias optan por el silencio, por esconder los hechos en lugar de afrontarlos y ayudar a los/las pequeños abusados.

Y otro tipo de violencia: mi "abuelo" tuvo un hijo con la novia de mi tío, además de ponerle los cuernos a mi abuela. Y la solución, como te he contado, no fue apoyar a su hijo, ni terminar su relación, sino seguir permitiendo los abusos y la entrada de dinero.

Imagino que tienes tu propia opinión sobre todo ello; te invito a que reflexiones sobre por qué piensas así y sobre todo sobre tus razones para ello.

## *7. LA REINA DE LAS MARIPOSAS*

Justo antes de marcharse, parece ser que mi padre había hablado previamente con un sacerdote, amigo suyo, para que intercediera con mi abuela. Fue este cura quien habló con ella y le pidió que nos acogiese a mi madre, a mí y a mis tres hermanas, pero no le explicó ni el motivo de su marcha, ni a dónde había ido, ni si tenía pensado regresar…

Una vez hecha la mudanza a Zaragoza, mi abuela se quedaba con nosotras mientras mi madre trabajaba unas diez horas al día para poder sacarnos adelante.

Una hermana de mi abuela, que vive en Madrid, tenía un chalé en la sierra madrileña, cerca de Alpedrete. Ella y su marido nos invitaban a pasar unos días con ellos en verano cuando mi madre cogía las vacaciones.

Por las mañanas, tras levantarnos y desayunar tranquilamente, solíamos salir de paseo con mi tía abuela, mi abuela, mis hermanas, los perros y yo por entre las cañadas de toros bravos hasta una especie de riachuelo que pasaba a algún kilómetro de distancia del chalé. A estas caminatas íbamos vestidas con el bañador, pantalón corto y camiseta, como mucho. Me sucedía una cosa muy curiosa, y es que, si me sudaban las manos por el calor, o sea siempre, si las extendía con las palmas hacia arriba, se me acercaban y posaban las mariposas: de ahí que me pusieran el apodo de "Reina de las Mariposas". A mis hijos les he contado esta historia desde muy pequeños para que dejaran de hacer aspavientos (sobre todo con las avispas): les digo que vienen a saludarme porque soy muy especial y que les digan "¡Hola!", que luego simplemente se van; y así es…

Para que no hubiese peleas, a mi hermana segunda se la nombró "Reina de las Mariquitas", a la tercera "Reina de los Saltamontes", y a la cuarta la "Reina de los Caracoles".

Cuando tenía 9 años hubo un día (o una tarde, o una noche, no sé) en que se montó un revuelo tremendo en el chalé. Solo recuerdo que después de una discusión tremenda entre "las personas mayores", mi *abuela me hizo dormir con ella y los perros en el porche cerrado. No paraba de repetir frases que no recuerdo y que me decía que por la mañana nos íbamos y que no volveríamos más. Me acuerdo de las sensaciones de angustia, estupefacción y confusión, pero nada más. De hecho, nos fuimos y no regresamos, pero yo no sabía la razón.*

*Pasado cierto tiempo, siendo una niña aún, mi abuela, en un arranque de ira, me insultó llamándome "puta" y que "me gustaba provocar a los hombres". Yo me quedé de piedra porque no entendía nada y entonces me soltó que yo había intentado seducir a mi tío abuelo, por lo que me quedé más perpleja todavía. Me explicó que, por lo visto, nos habían encontrado a solas a él y a mí en el chalé en una actitud "rara", que yo tenía el camisón subido por encima del ombligo, que él había dicho que había sido yo, que le había provocado "porque menuda niña era...".*

*Han pasado casi 40 años, aún sigo sin recordar nada de este episodio y no me puedo explicar cómo pudieron echarme a mí la culpa de algo así cuando fui yo la víctima del abuso. ¡Yo era una niña y él un adulto, por el amor del cielo!... Lo que de verdad espero es que no llegase a hacerme nada más que lo que se vio.*

\* \* \*

En este capítulo te cuento más abusos sexuales a los que fui sometida. Como ocurre en muchas ocasiones, al ser una niña, era mi palabra contra la de un adulto y, por supuesto, silencio de nuevo. Y no solo eso, sino que mi abuela utilizó a posteriori unos hechos que yo no era capaz de recordar para humillarme, insultarme y machacar mi autoestima.

Este tipo de amnesia producida por estrés post traumático es muy frecuente; hablo varias veces sobre esto en varios capítulos porque es real: mi mente ha bloqueado/borrado selectivamente algunas cosas demasiado duras por la activación de mi "modo de supervivencia". Alguna vez he conseguido traer a mi memoria alguna cosa, pero muy puntual. Tampoco estoy segura de que me ayudase tener presentes los recuerdos que mi mente ha censurado. Lo que sí sé es que si lo consigo ahora soy lo suficientemente fuerte y sabia como para afrontar lo que sea y superarlo.

Como imaginarás, el estigma de "Puta" y "Provocadora de hombres", así como la angustia y ansiedad asociadas, me ha perseguido durante gran parte de mi vida.

Si alguna vez una persona menor te cuenta algo parecido te recomiendo que no dudes de su palabra porque esa duda verbalizada sería como una puñalada a su confianza y autoestima. Puedes seguir las sugerencias que te propuse en el capítulo 2.

¿Te ha pasado que hayan dudado alguna vez de tu palabra? Si es así, ¿cómo te sentiste? ¿pudiste hacer algo al respecto?

## *8. EL YAYO RAFAEL*

Mi abuela nació en la calle Serrano de Madrid, al lado de lo que fue el periódico ABC. Es la pequeña de una familia de 12 hijos; bueno, en realidad fueron 13, pero la última murió, después vino al mundo ella y le pusieron el nombre de la fallecida. Qué bonito detalle, ¿verdad? (Estoy siendo sarcástica, por supuesto).

Residían en la portería del edificio y mi bisabuelo tenía una sastrería que, según mi abuela, había traído de Europa la primera guillotina que hubo para cortar muchas telas de una vez. El hombre perdió el negocio apostando al frontón y gastándose todo el dinero con prostitutas. Como ves, otro bello ejemplar de este encantador linaje...

Al primogénito, y, por ende, hermano mayor de mi abuela, nosotros le llamábamos "Yayo Rafael".

Según me contaron se fue a vivir a Francia durante la Guerra Civil española y allí, no sé por qué, le apresaron y le llevaron a un campo de concentración en Polonia. Cuando le soltaron, regresó a Francia, a París, montó una empresa de taxis, se casó y tuvo una hija, la prima hermana de mi padre.

Yo le visité en París, cuando era pequeña, en uno de los viajes que hice a Francia con mi abuela. Él bajaba cada año a Zaragoza de visita, y una vez que se jubiló y se retiró a vivir a un hogar para ancianos, pasaba unos días todos los veranos en casa de la yaya. Se quedaba a dormir en la habitación que había frente a la puerta principal de entrada del piso.

No tengo recuerdos agradables de él. Tenía un carácter poco amable, aunque lo cierto es que nos traía un montón de dulces con chocolate que guardaba, de los que le daban en la residencia; recuerdo los Bounty, por ejemplo, de chocolate con relleno de coco, que aquí por entonces no existían; muchos sabían a rancio por el tiempo transcurrido (pero hay que reconocerle el detalle).

Fumaba mucho y se liaba los cigarrillos, sin filtro, con una máquina metálica. También fumaba unos puritos que debían ser "Farias" o algo, cuyo olor apestaba. El tabaco le dejaba un rastro amarillo/marrón en los dedos y dientes y un aroma desagradable en la ropa y el cuerpo. Llevaba siempre una camiseta blanca de algodón calada sin tirantes para estar en casa y ligas en los calcetines. Para salir a la calle se ponía una camisa encima de esa misma camiseta; no se la cambiaba. Se peinaba el pelo corto hacia atrás y lo tenía de un color blanco amarillento. Alguna vez le vi salir del baño con una toalla por haberse lavado la cara y las axilas, pero jamás tuve la impresión de que se hubiese dado una ducha.

La habitación donde dormía olía fatal por el humo de lo que fumaba y porque tenía la costumbre de usar orinal para hacer pis y tenerlo debajo de la cama. A mí me daba mucho asco, pero era mi tío abuelo.

Una tarde a mi abuela se le ocurrió organizar un "desfile de bañadores" para que mi tío abuelo decidiera entre mis hermanas y yo a quién le sentaba mejor y estaba más guapa.
Yo ya debía tener 12 o 13 años, tenía bastantes tetas (ya llevaba sujetador) y no se me olvidará que llevaba un bañador verde de mi madre que tenía relleno en las copas del pecho. Mi abuela nos puso a mis hermanas y a mí en fila india en el pasillo e íbamos entrando en el comedor, de una en una para "desfilar" y que nos viera bien desde la posición donde se encontraba sentado. Así que una vez nos paseamos bien todas en bañador, el yayo Rafael decidió que yo fuese la "flamante ganadora" del evento. ¡Qué vergüenza! Mi abuela lo filmó con su cámara de Super8 e incluso hay alguna foto por ahí.

* * *

Un día que estaba mi abuela conmigo de confidencias, puede que yo tuviera 11 o 12 años quizá, me describía cosas de sus hermanos, y de este en concreto, de la hija, de que el yayo Rafael había contado cómo le vino la regla por primera vez a su hija una noche y que ésta se había enterado porque éste le dijo que tenía la cara manchada de sangre. Aparte de esta y otras, me relató la historia de la muerte de su esposa, su cuñada, que al parecer se produjo en un desafortunado accidente doméstico cuando su hija aún era pequeña; pero lo horrible de todo esto es que mi abuela me confesó que ella estaba convencida de que, en realidad, su hermano, el yayo Rafael, la había matado y me explicó con detalle sus razones para pensar que lo había hecho *él… ¿Cómo se le ocurrió contarme una cosa así, y más siendo yo una niña? ¿Para desahogarse con alguien? Jamás lo entenderé.*

*Nunca le conté esto último a nadie, hasta hace unos días, en que se lo revelé a mi pareja, y ahora te lo cuento a ti. Un secreto guardado durante más de treinta años…*

*El yayo Rafael falleció hace muchísimos años, en mi adolescencia, pero te puedes hacer una idea del cuerpo que se me ponía cuando estaba en la misma casa que él, pensando que podría ser un asesino.*

* * *

Me doy cuenta de que muchos de los recuerdos que tengo no son solo visuales, sino que, como persona kinestésica que soy, guardo muchos de tipo sensorial, sobre todo cuando se trata de cosas negativas y desagradables, fruto de agresiones o violencia. ¿Te pasa a ti también? ¿Desde cuándo? ¿Cómo lo llevas?

Lo que me resulta más doloroso de los abusos que te relato en este capítulo es que estaban involucradas también mis hermanas, y yo no podía hacer nada para ayudarlas. Por entonces tampoco era demasiado consciente del alcance de lo que ocurrió aquella tarde, hasta que me di cuenta al hacerme mayor. ¿Te sientes responsable del abuso que ejercen sobre otras personas que conoces, incluso cercanas a ti? Si no eres tú quien abusa, ¿a qué se debe el que lo sientas así?

Y por otra parte está el hecho de que mi abuela me contase la posibilidad de que mi tío abuelo fuera un asesino. ¿A quién se le ocurre? Saberlo me produjo un miedo terrible que se sumó al asco que le tenía. Otra forma de represión y de violencia psicológica extrema.

¿Qué tipo de recuerdos tienes tú, visuales, auditivos, kinestésicos? Hace tiempo hice unos cursos de atención al cliente basados en PRL (Programación Neurolinguísitica) que están basados en este tipo de sensaciones, entre otras, por lo que me resultaron muy interesantes, sobre todo a la hora de "leer" a otras personas, o para entender algunas de mis reacciones a ciertos estímulos.

¿Te es fácil "leer" el lenguaje no verbal de los demás?

## *9. INDEFINIDA*

Mis primeras sensaciones "sexuales" fueron en el cole de monjas de Zaragoza, con 5 años, el año que regresamos de Canadá. Sentía cierta fascinación por una niña respecto del resto de compañeras de clase, de hecho, también pensaba que su nombre era precioso y que me hubiera gustado llamarme como ella. Eso fue todo.

El curso siguiente, 1º de E.G.B., en Alcobendas, tuve mi primer novio "oficial", que me llevaba a caballito en los recreos. Me gustaban mucho sus ojos vivarachos, su sonrisa y sus abundantes pecas. Hasta recuerdo su corte de pelo. Muchas veces me pregunto qué habrá sido de él, la vida da tantas vueltas...
En aquella época yo ya dibujaba princesas hipersexualizadas, rubias, con pechos enormes.

A lo largo del tiempo me seguí fijando tanto en niñas como en niños, pero solamente tuve "novios", que era "lo normal"; como al que conocí con 9 años, en Zaragoza, por los campos donde íbamos a pasear a los perros con mi abuela, con el que me subía a las higueras y con el que ya me di algún pico. Eso sí, me hizo la primera propuesta de matrimonio de mi vida, que acepté. Jajajajaja. ¡Qué inocencia! Ese "amor" duró unos meses y se terminó. Como no me había regalado anillo de pedida, no hubo nada que devolver tampoco.

A los 13 aparentaba mucha más edad. Recuerdo que entonces tuve mi primer ligue de verdad. Fue un chico que estaba haciendo la "mili" en Zaragoza. Estando con una amiga y, de casualidad, sin intención alguna, nos los ligamos a él y a un compañero suyo de cuartel. Nos invitaron a tomar algo en un bar que había en una esquina al lado del colegio. Este chico y yo nos dedicamos a hablar a solas un tiempo, y pasado un rato me preguntó si me podía besar; le dije que sí y empezamos a besarnos. Esta vez ya no eran besos inocentes, de niños, a los que yo estaba acostumbrada, los que yo conocía, y me introdujo la lengua en la boca. Yo no reaccioné de ninguna manera especial y seguí haciéndolo en plan película de los años 40, así que se apartó, me miró y me dijo: "¿Te pasa algo?", y yo, sorprendida, pero de lo más contenta, le respondí: "No, nada". Y seguimos igual. Seguro que el

chico se hacía cruces y pensó que era una mojigata. Y lo era, pero porque no tenía ninguna experiencia. Eran mis primeros besos "de mayor", con cuerpo de mayor, pero mentalidad de niña.
Volvimos a quedar en otra ocasión, pero ninguna más. No hubo mucho que "sacar" de aquella "relación", además de un tierno recuerdo que contarte.

La cuestión es que, en una ocasión, mi mejor amiga se quedó a dormir en casa, como otras muchas noches, y como hicieron otras amigas mías o de mis hermanas: era algo de lo más normal y habitual; pero aquella vez fue distinta.

Nos preparamos el sofá-cama del salón, nos pusimos los pijamas y, tras estar un montón de rato de cháchara y risas, acabamos por apagar la luz, inicialmente para irnos a dormir. En lugar de eso seguimos hablando un poco más, pero esta vez en voz muy baja. Mi amiga, en un momento dado de la conversación, me sugirió que jugásemos a "Príncipes y Princesas". Yo no sabía a qué se refería exactamente, porque no habíamos jugado nunca a eso, pero aun así acepté. Creo que le pregunté que cómo iba el juego, y no recuerdo muy bien si me explicó alguna regla del mismo o no, lo que tengo muy claro es que comenzamos a acariciarnos por debajo de la ropa. Ella era la princesa y yo el príncipe, y nos hablábamos así, evitando en todo momento usar nuestros nombres reales; no éramos nosotras, sino dos personajes de cuento que se tocaban y descubrían sus respectivos cuerpos. Nuestra respiración se iba acelerando según íbamos avanzando en nuestra exploración mutua... mis dedos jamás olvidarán la sensación del roce de su piel, del tacto y la forma de sus pechos, su vientre y sus caderas, recorrer sus muslos mientras los tentaba con nerviosismo y cierta torpeza, sin saber si atreverme a palpar su vulva... Sé que ella también me tocaba a mí, pero apenas lo recuerdo; eran tan fuertes las cosas que ella me estaba haciendo sentir a través de su cuerpo... Y por fin me aventuré a mover mis manos por su pelvis, su monte de venus y más abajo, por sus labios y la entrada de su vagina, que estaban húmedos... La acaricié escuchando cómo se agitaba su respiración, pero no hubo ninguna penetración. Pensé en lo excitadas que estábamos y en lo diferentes que éramos en nuestra fisonomía, a pesar de que las dos éramos mujeres: mis labios mayores son muy carnosos y abultados y los de ella completamente distintos. Aquello me llamó poderosamente la atención.

Todavía no conocía mi clítoris: aún no me había masturbado, aunque me hubiese tocado muy por encima, así que tampoco se me ocurrió jugar con el suyo. Conocía físicamente cómo eran los genitales femeninos, pero aún desconocía el uso de cada parte de ellos, así que fue todo muy inocente, pero al mismo tiempo muy intenso, al menos en lo que respecta a mí.
No sé cuánto tiempo duró este encuentro principesco, pero me ha marcado toda la vida. Para mí fue MI PRIMERA VEZ CON UNA MUJER, aunque no llegásemos al orgasmo; eso realmente era lo de menos.

Tenía 13 años. Volvimos a jugar de nuevo en otra ocasión, pero no fue igual de bonito ni de excitante. Pasado un tiempo nos alejamos la una de la otra, sobre todo porque empezamos a tener intereses distintos, y acabamos distanciándonos del todo.

* * *

El 27 diciembre de 1983, podríamos decir que fue MI PRIVERA VEZ con penetración, CON UN CHICO. Sé que fue en esa fecha porque escribí el encuentro en una hoja de papel con bastante detalle y la guardo en un diario donde no redacté vivencias cotidianas, como hacen muchas personas en plan: "Hola diario...", sino un relato erótico, o más bien, diría yo, con tintes pornográficos.
Ya me había "magreado" con ese mismo chico previamente a ese día, incluso llegó a eyacular entre mis muslos, dentro de mis bragas, pero no hubo penetración hasta esa "Primera Vez".

Él tenía 21 años, era de Galicia y estaba haciendo la mili cerca de Jaca, en Huesca, pero nos conocimos en Zaragoza y nos mandábamos cartas de vez en cuando, aparte de quedar si venía a la ciudad. Ese día le fui a buscar a las seis de la mañana a la estación del Portillo (la de Delicias no era ni un proyecto en aquella época). A mediodía se tenía que ir al cuartel en el Pirineo por lo que solo teníamos unas horas para estar juntos.
Me llevó a un hostal de la zona del "Casco Viejo" y subimos a una habitación muy soleada. Nos empezamos a quitar la ropa y lo último que me quedó puesto fue el sujetador. Me preguntó si no me lo iba a quitar y asentí, pero por dentro estaba muerta de vergüenza. Tenía muchos complejos y uno de ellos era el de las tetas caídas. Pero aun

*así me desprendí de la prenda y nos metimos en la cama. Hacía frío, pero enseguida esa sensación desapareció. Hubo mucho sexo, variado y poco romanticismo, pero él fue muy cariñoso y nos besamos mucho; eso me gustó sobremanera también.*

*Estoy convencida que nunca creyó que aquella fuera mi primera vez: yo no tenía himen. Como ya me masturbaba bastante, me desenvolvía bien y no me importaba experimentar o probar, así que hicimos unas cuantas cosas diferentes. Imagino que tampoco creyó que tenía 15 años, pero todo era cierto. Tengo evidente... sé contar...*

*Cuando acabamos, nos duchamos y nos despedimos antes de lo previsto. Se había dado cuenta de que había olvidado los zapatos del uniforme en La Coruña e iba a intentar resolver el tema para que no le arrestasen. Yo estaba en una nube.*
*Después de aquello nos escribimos otra vez y ya no supe más de él.*

\* \* \*

*Cuando llegué a mi casa, mi madre me preguntó: "¿Qué tal, Julieta?". Y yo le respondí que fenomenal, con una amplia sonrisa, dirigiéndome hacia mi dormitorio. Por el pasillo, una de mis hermanas me replicó en voz baja: "¿No habrás hecho nada de lo que tengas que arrepentirte, ¿verdad?". La miré a la cara... un nubarrón cubrió mi mente y mató mi alegría. Empecé a sentirme culpable (no olvidemos que mi abuela me llamaba "puta" y que recibía una educación religiosa, entre otras cosas) y se me amargó el día. Ya no era mi secreto, porque mi hermana también lo sabía ahora.*

*Una tarde, no mucho después, esa misma hermana y yo tuvimos una discusión muy fuerte, y me amenazó con contarle a mi madre "lo que había hecho", así que me escapé de casa a un parque (es lo que solía hacer cuando me fugaba) y no regresé hasta bien entrada la madrugada. Sé que me estuvieron buscando y que anduvieron muy cerca de donde me escondí, porque escuché a la gente llamarme, pero no me encontraron. Yo tampoco quería que me encontraran. Si volví a casa fue porque tenía frío y ninguna otra parte donde ir. Mi madre me preguntó que por qué me había escapado. Le conté lo de la discusión y que mi hermana me había intimidado diciéndome que le iba a contar que me había acostado con un chico y que tenía miedo de que me pegara o que me echara de casa. Mi madre me miró y no hizo nada. Me dijo que me fuera a dormir, y ya está. Yo no supe cómo encajar todo aquello: un abrazo o una bofetada, pero hubiera necesitado una reacción por parte de mi progenitora. Supongo que ella tampoco estaba preparada para algo así.*

\* \* \*

El sexo, la sexualidad, las relaciones sexuales, han sido (y son) un tema muy importante en mi vida: empecé de una forma horrible, con los primeros abusos sexuales a los seis años, y he ido llevando una progresión de auto-conocimiento así como de superación de sucesos y traumas hasta llegar al momento actual, en que lo vivo plena y conscientemente, de un modo POSITIVO.

Aparte de los abusos que sufrí por parte de diferentes personas hubo cosas que añadieron "leña" al fuego de la culpa y los problemas que tuve con el sexo: la educación religiosa, las normas culturales/sociales, ser Bisexual y ser una mujer bastante activa sexualmente a la que se tacha de "Puta" (además de que mi abuela me acusase de ello).

Ahora que ya tengo formación como Sex Coach, además de un sentido común muy trabajado, puedo afirmar que una gran parte de nuestro sufrimiento se debe a nuestras creencias y vivencias, que fijamos, sobre todo, pero no exclusivamente, durante nuestra infancia y adolescencia. Esos aprendizajes, si no son sanos y positivos, quedan grabados "a fuego" en nuestros cerebros reptiliano y emocional; hemos de conectar todo eso con el racional y escudriñarlos para ser conscientes de ello.

El abuso sexual se puede manifestar de muchas maneras: física, que es la más obvia, pero también mental/emocional.

Aquí te muestro algunos ejemplos de violencia sexual:

- Afirmar que solo existen niños (con pene) y niñas (con vulva).

- Rechazar la diversidad, así como la existencia de otros sexos (como intersexuales), orientaciones diferentes a la heterosexual monógama binaria (una mujer en relación con un hombre).
No hace falta más que leer un poco de fuentes fidedignas, y/o aprender sobre antropología, para entender que los seres humanos somos muy diversos en general y, en particular, a lo que nuestra sexualidad e interacciones con otros se refiere. Las diferencias se pueden deber tanto a la educación, cultura, la religión, la sociedad/entorno en que se encuentre, cómo lo viva cada persona…

Otra cosa diferente será la particularidad de cada persona, sea como sea.

- Promover la idea de que los hombres son activos y dominantes en contraposición a la de que las mujeres son pasivas y sumisas. En realidad, existen casi tantas formas de vivir la sexualidad como seres humanos.

- Inculcar los mitos de amor romántico como verdaderos.

- No respetar las opciones sexuales de otras personas, independientemente de su edad, género asignado al nacer …

- No educar en el respeto, la comprensión y la tolerancia respecto de la sexualidad y del modo de relacionarse afectiva, emocional o sexualmente con los demás.

- Menoscabar la autoestima de las personas por tener cuerpos diversos, diferentes de los estereotipados por las modas.

- No permitir que las personas experimenten con su sexualidad de manera sana, inclusiva y positiva para que la vivan de un modo consciente, cada cual a su "estilo".

- Negar la sexualidad de las personas con diversidad funcional, sea del tipo que sea.

- ETC.

¿Sufres, has sufrido o ejerces alguna de estas formas de violencia sexual? ¿Haces algo positivo al respecto? ¿Eres consciente del origen? ¿Consideras que se puede cambiar? Si la respuesta es SI, ¿cómo lo haces o vas a hacer?

Hoy día tengo claro que mi opción como mujer, bisexual, pan/plurisexual no se trata de ninguna "indefinición" como postularían en mi/nuestra contra otras personas.
Uso esas etiquetas para comunicarme con mayor claridad en un mundo en el que hay una tremenda falta de información y educación sexuales (que no sea reproductiva y basada en enfermedades, actitudes negativas hacia el sexo)

No dejo que esas etiquetas me limiten o encorseten. Por otra parte, tengo muy claro que no son estáticas o inamovibles: ME PERMITO CAMBIAR, si me doy cuenta de que hay variaciones. ¿Te lo permites tú?

¡Me encanta evolucionar! ¿Y a ti?


Volveré a incidir sobre el tema del sexo más adelante, en otros capítulos.

## *10. LAS PROMESAS*

El colegio al que acudía era de religiosas, solo para niñas y privado, aunque luego, pasados unos años, cambiaron mucho las cosas. Las monjas, en general, tenían una mentalidad poco moderna para algunos temas, a pesar de que tratábamos cosas como el aborto desde una perspectiva católica. Había una en concreto que estaba adelantada al resto: se le ocurrió la brillante idea de organizar un grupo scout en el centro y además consiguió que la dejaran llevar su proyecto adelante, y no uno en plan girl scout americano de niñas con faldita y nombres de abeja, flor, mariposa... sino uno más atrevido, más tipo boy scout y no centrado en la religión, sino en los valores fundamentales que transmitió el fundador Baden-Powell y la naturaleza.

Mi madre nos apuntó a mi hermana la segunda y a mí. Mi hermana la tercera no podía porque tenía dificultades con las alergias y el asma y la cuarta era demasiado pequeña.
Lo cierto es que fue una de las mejores decisiones que pudo tomar y que más le agradezco, pero quizás hubiera preferido que hubiese obviado el comentario de que en mi caso lo hacía "para que me civilizaran"; así, con estas palabras. Tenía razón, pero se lo podía haber callado.

Mi primer año fue terrible: me colocaron en un grupo de niñas con el que no congeniaba en absoluto y con quienes discutía constantemente. He de decir que, si me hubiesen puesto en otro equipo, la cosa no habría sido muy diferente, pero en éste concretamente había alguna compañera con la que me llevaba especialmente mal.

Teníamos reuniones los sábados por la mañana en el patio del colegio, donde realizábamos actividades muy diversas y aprendíamos cosas muy útiles e interesantes, a la vez que valores como los de la Ley Scout. Hoy día aún conservo el hábito de "hacer al menos una buena acción diaria".

Solía estar descontenta, generalmente me disgustaba jugar a lo que fuera, porque era torpe, no sabía perder, lo del ejercicio no era lo mío, y me costaba todo lo que implicase trabajo de equipo, pero aun así me gustaba participar porque había personas mayores, los monitores, que solían caerme mejor, y las salidas al campo. Eso me encantaba, ¡aire libre! ¡Libertad!

También disfruté mucho preparando el Festival de Navidad.

Lo peor fue el campamento de verano, aunque el entorno era genial, me gustó muchísimo, junto al monte Aspe, que de ahí le vino el nombre al grupo.

Mi comportamiento fue horrible, no conseguía adaptarme, me enfadaba por todo así que me dedicaba a sacar todas mis cosas de la tienda de campaña y las ponía esparcidas por la pradera; para colmo, el día de padres, mi madre y el resto de la familia llegaron con el coche más tarde que los padres de las demás compañeras (porque se habían perdido), pensé que me habían abandonado y que no iban a ir a verme, como a mis otras compañeras... un dramón para mí.

El hecho es que llegó el final del campamento, que es cuando los novatos han pasado su tiempo de entrenamiento como "pie-tierno", reciben su pañoleta con los colores del grupo por parte del "padrino" o "madrina" que han elegido y se les permite decir LA PROMESA. Esta Promesa es un texto estándar formulado por la organización de la Asociación Española de Scouts de España (ASDE) por el que pasas a ser miembro efectivo de la "manada" o grupo.
Al final, el consejo de monitores decidió no darme la pañoleta ni dejarme hacer la promesa. Creo que fui la única persona en toda la historia del grupo a la que se le negó.

Continué en el grupo scout el curso siguiente, pero, como te contaba, mi talante había mejorado: ya no estaba tan amargada, disfrutaba algo más con los juegos, participaba de una forma más dinámica en las actividades y mostraba un comportamiento más abierto y sociable.
El campamento de verano de aquel año se celebró en Santo Domingo de Silos (Burgos) y me lo pasé bien. Trabajé como la que más y me acuerdo con especial cariño de una caminata bastante larga en la que uno de los monitores nos estuvo narrando la película "Pequeño gran hombre", de Dustin Hoffman, que me encantó, aunque me quedé sin saber cómo acababa... Seguí con mis innumerables complejos de gorda, torpe, bruta (tengo mucha fuerza y entonces me costaba con-

*trolarla), pero conseguí adaptarme bastante mejor. Aquel fin de campamento conseguí mi pañoleta y pronunciar LA PROMESA porque me las había ganado con gran esfuerzo. Recibí muchas felicitaciones por ello, por el cambio dado y me sentí orgullosa de mí misma. ¡Qué gustazo!*

\* \* \*

*Uno de aquellos sábados de reunión en que estaba sentada en círculo alrededor de uno de los bancos del patio, entonces debía contar con unos 11 años, estaba enfrascada en una de las actividades y vino alguien corriendo de mi casa a avisarme. ¡¡Mi padre había llamado por teléfono y esperaba en línea para hablar conmigo!! ¡Madre mía! ¿No sabía nada de él desde que se marchó, en enero del 76, cuando yo tenía 7 añitos! Bufff... eché a correr hacia la casa de mi abuela, que estaba a cinco minutos de distancia, aproximadamente. Creo que nunca recorrí ese camino tan rápido en mi vida, y me puse al aparato, que estaba en un rincón del salón debajo de una lámpara, de rodillas en el sofá, mirando hacia donde confluían las esquinas de dos de las paredes de la habitación, buscando algo de intimidad, aunque creo que estaba sola en ese momento concreto.*
*Mi padre me dijo que estaba bien, que se tuvo que ir a otro país por unas circunstancias que no me podía explicar en esa conversación, que por ellas no se había podido poner en contacto, pero que iba a poder viajar a Zaragoza en unos días y nos íbamos a poder ver. Yo pensé que me daba algo de la emoción: reía y lloraba a la vez, me latía el corazón a mil por hora y pensaba que las cosas en casa se arreglarían...*

*Tal y como me había dicho, apareció al poco tiempo con un amigo suyo. Mi padre se alojó en un hostal cercano durante su estancia ya que mi madre había pedido, por favor, que no apareciera por la casa los ratos en los que ella estaba. Al principio esta petición se respetó, pero después no, y mi madre se tuvo que aguantar debido a que mi abuela decidió saltársela unilateralmente y mi padre venía al piso en cualquier momento. Por un lado, lo entiendo, pero la solicitud de mi madre era más que razonable, aunque yo no la entendiera en aquella época.*

*No sé si sucedió al día siguiente o al otro, pero cuando regresamos del cole, a mediodía, la abuela nos dijo que la policía había detenido a mi padre y que, por lo visto, era debido a que, cuando se marchó, mi* madre le interpuso una denuncia por abandono de hogar y no la había quitado desde entonces, así que seguía vigente. No sé quién había conseguido que estuviese solamente en un calabozo o algo parecido y que la cosa quedase paralizada hasta que se eliminase la denuncia. Ese mismo día, después de comer, mi madre y yo cogimos el coche (un seat 1430 ranchera familiar de color azul marino al que llamábamos "La Rupi", por la calabaza Ruperta del concurso de TVE "Un, Dos, Tres") y nos dirigimos a Colmenar Viejo, ya que era el juzgado al que pertenecía Alcobendas en aquellos tiempos, para que ella quitara la querella y liberasen a mi padre.

Aquella tarde no solo me salté las clases del colegio, sino que tuve la oportunidad de estar tiempo a solas con mi madre, de disfrutar un poco de ella, y de hablar de algunas cosas intrascendentes y de otras con más consistencia, pero nada de la abuela ni de los sufrimientos que nos causaba a ambas. Aún faltaban muchos años y acontecimientos para acometer de nuevo esas conversaciones. Resolvimos el asunto y retomé el contacto con mi padre.

Su visita duró pocos días, no podría asegurar si cuatro, cinco o una semana, pero no muchos más, y regresó al lugar donde había estado residiendo los últimos años, a Israel.

Al menos ahora sabía de su paradero, tenía algo más de información sobre lo ocurrido en el pasado y un par de maneras de contactar con él, que era muchísimo más de lo que tenía la semana anterior.

Estas dos circunstancias, la visita de mi padre y pasar unas horas de calidad a solas con mi madre, ayudaron a que mi estado de ánimo general mejorase, a pesar de mi abuela, y que mi actitud ante la vida también fuese algo más positiva.

De todas formas, me quedé bastante frustrada tras el reencuentro con mi padre: lo había idealizado mucho entre los recuerdos que me quedaron de cuando se marchó y las arengas machaconas de mi abuela, y por otra parte tenía la fantasía ingenua de niña de que, cuando regresase, todo se solucionaría. Había puesto todas mis esperanzas de posible SALVACIÓN en él, porque no tenía otra persona ni idea en que apoyarme que me motivaran a vivir y a pensar que de verdad se pudiese resolver mi situación; pero su visita fue breve, no un regreso, y mi realidad no cambió apenas, en general, con la excepción de que ahora tenía y sentía cierta complicidad con mi madre que me refrescaba y animaba el corazón. Ya había encontrado uno o dos motivos para sonreír que, en mi caso, eran un montón.

* * *

Dos años después, tras el campamento, nos fuimos en agosto mi hermana la segunda, mi abuela y yo de viaje a visitar a mi padre.
Se lo propuso a mi madre y abuela indicando que nos pagaba los billetes de avión. Mi madre se negó al principio, porque temía que no regresásemos, pero mi abuela le dijo que nos marchábamos, quisiera ella o no. Supongo que mi madre opondría resistencia, pero no había nada que hacer frente a la vieja. Sé que mi progenitora estaba muy preocupada pensando que mi hermana y yo no íbamos a volver a España, pero le PROMETÍ que, pasase lo que pasase, regresaríamos, y ella sabía que una de mis virtudes es que hago todo lo posible por cumplir mis promesas (por eso no suelo hacerlas), soy una persona de palabra, así que se quedó algo más tranquila.

Cuando llegamos allá, nos enteramos que mi padre se había casado hacía pocos meses con una mujer mucho más joven que él, y eso fue toda una sorpresa que no esperábamos; para mí un shock, para empezar, aunque ella era muy maja, pero una desconocida.

Por otro lado, mi abuela nos dio la estancia: no dejó de fastidiar, de meter cizaña por todo. Estaba enfadada porque mi padre no le había dicho lo de la boda, estaba celosa porque ella no era la protagonista de todo, porque hablábamos en inglés con los de allí, no se enteraba y se cabreaba porque decía que hablábamos mal de ella, empezó a decirme que si mi padre se llevaba mejor con mi hermana que conmigo, que si me dejaba a mí de lado; yo no me integraba bien por mis dificultades y por la mosca cojonera que no me dejaba en paz... Fue un mes muy complicado.

Pensé seriamente en quedarme en aquel país, con mi padre y su nueva familia, pero regresando primero a España, como le prometí a mi madre. Estaba tan harta de mi vida aquí que prefería cualquier otra cosa, aunque, en el fondo, me daba cuenta de que aquello no era para mí.

El viaje de regreso fue horrible, mi hermana y yo no nos hablábamos con mi abuela y ésta no hacía más que despotricar, que echarnos la *bronca y que decirnos que nos íbamos a enterar cuando le contase todo a nuestra madre.*

*A nuestra llegada a Madrid mi madre me abrazó llorando y le dije al oído: "Te prometí que volvería". Pero ella ya sabía que quería regresar con mi padre.*

*Todas se fueron a Zaragoza menos yo, que me quedé unos días más en La Moraleja con los amigos americanos de mis padres donde la madre, me ayudó a reflexionar y darme cuenta que lo mejor era quedarme en España, y eso es lo que terminé haciendo.*

* * *

En este capítulo puedes ver cómo un solo gesto puede hacer mucho para hacerte sentir mejor cuando vives un mundo en el que lo que prima es la violencia, los abusos y malos tratos. Sonrisas incipientes y sanadoras.

Por una parte, me ayudó la lección que aprendí cuando me negaron la pañoleta y hacer la promesa Scout. Hay acciones que, aunque drásticas, te facilitan la toma de acciones, en este caso positivas.

Por otra, el viaje con mi madre me ayudó a sentir un poco de ese amor DE VERDAD, que tanto necesitaba. ¡Hasta conseguí mejorar mi actitud! Imagino que para mi madre también sería importante, pero nunca se lo pregunté. Ambas sonreímos y disfrutamos mucho durante aquel breve viaje.
En ocasiones se nos hace muy difícil demostrar el amor, el cariño, cuando, en realidad es muy fácil; en parte se aprende, pero surge, sobre todo, de forma natural, cuando nos sentimos dignos de dar y recibir ese afecto.

¿Te cuesta dar o recibir amor, cariño, cumplidos? ¿Desde que eres capaz de recordar o desde un momento determinado? ¿Eres consciente de cuál?

Por último, como te contaba, tenía a mi padre completamente idealizado porque solo tenía los vagos recuerdos de esa niña de siete años trastornada, así que era "lógico" que me tuviese que enfrentar a la frustración de mis expectativas no cumplidas y al choque con la "realidad" al volverle a ver en Zaragoza y, de nuevo, en su país.

Y mi abuela haciendo de las suyas, imponiendo su voluntad por encima de cualquier persona o razonamiento. Ahora soy consciente de lo que tuvo que vivir y sufrir mi madre también. A veces, cuando eres peque o estás muy influenciada por alguien o por el entorno, puedes llegar a ser hasta cruel. Lo importante es llegar a darte cuenta, a perdonarte/perdonar y evolucionar.

Cuando eres niño/a es complicado rebelarte contra los que nos maltratan, abusan, imponen por la fuerza, pero los adultos podemos hacer muchas cosas para actuar en caso de ser conscientes del daño que se les infringe a tantos seres inocentes. Y con inocentes me refiero a cualquier persona, no solo a los infantes. ¿Una pista? Si alguien, tenga la edad que tenga, está siempre con el ceño fruncido y no sonríe... algo le pasa. Nada nuevo, ¿verdad?

¿Qué piensas cuando ves sonreír a alguien? ¿Qué te hace sonreír a ti?

## *11. MI GRAN CABALLO DE BATALLA*

*Tuve, y por supuesto seguiré teniendo, muchas cosas que superar en mi vida, pero mi gran caballo de batalla contra el que continúo luchando, y al que espero vencer algún día, como al resto, es la BULIMIA, y dentro de esta al SINDROME DEL ATRACÓN.*

*Lo que no se le explica a la gente sobre la BULIMIA es el proceso que pasas cuando sufres un episodio de ansiedad, en el que te das un ATRACÓN DE COMIDA, que es como un Síndrome de Abstinencia de un drogadicto. Pero la GRAN DIFERENCIA entre uno drogadicto y uno bulímico es que el primero, para rehabilitarse, ha de dejar su droga (alcohol, cannabis, cocaína, etc.), pero en nuestro caso necesitamos comer para vivir, así que no puedes dejar la comida, tienes que aprender a coexistir con ella, a soportar el bombardeo constante sobre el tema, a reaprender unos hábitos y "desaprender" otros. En mi caso llevo 40 años trabajando en ello y he conseguido dejar de provocarme el vómito y algún otro logro.*

*En lo que respecta a mí misma, comencé a comer de forma compulsiva cuando tenía 7 años aproximadamente, cuando nos mudamos a Zaragoza. Mi abuela fue quien me enseñó a encontrar gratificación y sensación de plenitud en la comida y a comer a escondidas; ella, mi madre, y el resto del entorno, a sentirme culpable por comer demasiado y engordar, y yo solita aprendí a provocarme el vómito.*

*Ahora voy a describirte cómo se vive, mejor dicho, sufrí yo estas cosas, en primera persona, durante mi INFANCIA y ADOLESCENCIA.*

*Mi abuela nos daba siempre raciones abundantes de comida y nos animaba a repetir: "¿quieres un poco más?". Aparte de eso ella picaba entre comidas y me invitaba: "¿Quieres?", como algo especial entre nosotras, como otras de "esas cosas que hacíamos solo ella y yo".*
*A mí siempre me ha gustado comer, sobre todo los dulces, pero los que son empalagosos, como los bizcochos borrachos o los tocinos de cielo no me van. Y una cosa es comer disfrutando, paladeando, saboreando, y otra muy distinta es engullir, como si te fuera la vida en ello, tragar para llenar el vacío que te produce la angustia, el dolor*

que te generan la frustración, la soledad y la ansiedad. Eso es diferente. Esa forma de comer es la bulimia, la que me engorda y me hace sentir mal.

Ya nací grande, 3,700 kg de peso y 55 cm de largo (lógico debido a mis genes holandeses por parte materna), y mi constitución había sido normal hasta entonces. Desde que nos mudamos a Zaragoza, en 1976, fui aumentando progresivamente de peso y cambiando mi fisionomía. En verano se me hicieron rozaduras entre los muslos, por la fricción, ya que llevaba pantalones cortos y me acuerdo de llorar tumbada en la cama de mi abuela cuando me ponía una crema para pieles irritadas, mientras ella y mi madre me echaban la bronca y me decían que eso me pasaba por comer tanto, que estaba "gorda". Maldita palabra...

O cuando invité a una amiga a casa para una celebración y ya la sola vista de mucha comida junta, en plan "sírvete tú mismo", me ponía muy nerviosa y me hacía comer más, así que mi madre me vio comiendo de todos los platos y me gritó: "¡Venga, cómetelo todo, anda!", delante de todos, y me castigó teniendo que comerme lo que había en la mesa, con la consiguiente vergüenza, sobre todo porque teníamos visita.

Hubo otro suceso que marcaría mi historia, años después: estaba de confidencias con una amiga y le confesé que me gustaba su hermano (tendríamos por entonces unos doce años). Ella no lo podía entender, por cómo era él, un malote, y porque él se reía de mí, pero yo le dije que ya sabía que él se burlaba, pero que yo crecería, y que entonces ya veríamos quién se iba a reír. Hay veces que hay que tener cuidado con lo que se desea...

A lo largo del tiempo, vas creciendo y los adjetivos que utilizan para referirse a ti en el colegio, en la calle, son variopintos: gorda, foca, cerda, elefanta... unidos con gestos, mofas y risas que minan tu autoestima dejándola destrozada, si es que te queda algo. Por otra parte, empecé a llevar gafas, como te dije, y con 11 años ya calzaba un 40 de pie, que ahora es habitual, pero en 1979 lo más normal era tener un 38, así que, encima, tenía pies de "barco o payasa".

Imagina las dificultades para encontrar ropa y zapatos. Ahora existen tiendas como Kiabi o C&A con artículos de tallas grandes a precios económicos, pero en aquella época estaba "El Corte Inglés" con ropa de "yaya" a precios muy elevados que mi familia no se podía *permitir; así que mi aspecto fuera del colegio (donde llevaba uniforme) era francamente extraño, y si le añadías mi personalidad arisca y extraña tenías un conjunto difícil de definir.*

*En cierta ocasión, ya en la adolescencia, una compañera me pidió un conjunto de ropa para una fiesta de disfraces en un colegio de chicos a la que yo iba a ir vestida de calle. No imaginaba que lo utilizaría para hacerlo de payasa. Ese fue uno de los momentos más bochornosos de mi existencia: porque lo usó para vestirse de clown. Yo usaba ese conjunto para diario y además la fiesta fue en un colegio de chicos donde yo cantaba en misa y hacía otras actividades, por lo que conocían esa ropa y sabían que era mía.*

*Otro momento "glorioso" de aquellas mismas fiestas fue cuando acudimos mis amigas y yo a un baile. Después de un rato escuchando música y pululando por ahí, uno de los chicos me sacó a bailar, y cuando llevábamos como un minuto bailando, se acercaron otros chicos, supongo que amigos suyos, para decirle entre risas que había ganado la apuesta. A ellos les parecería súper divertido, pero a mí me machacó. Aun así, mantuve la compostura y no salí corriendo. Seguí bailando con él hasta que terminó la canción y luego, aparentando tranquilidad, me fui, destrozada por dentro.*
*Hay una tendencia de los tíos por llamarnos a las chicas gorditas, de talla grande o menos agraciadas, "la simpática", o directamente, "la fea", con la que aparentemente nadie quiere bailar o estar. Ahora sé que muchos sí que querrían hacerlo porque es precisamente esa chica la que les gusta, pero es la presión del grupo y la cultura la que hace que no lo hagan y que incluso sea el que se ría más fuerte de todos. Pero yo entonces no tenía ni idea de esto.*

*\* \* \**

*Cuando me doy un atracón, me da siempre por comer hidratos. Cuando me han dicho, ¿y por qué no te hinchas de lechuga, zanahorias o algo así? Pues no me da por las verduras, aunque, a veces, en momentos graves, puedo comer cualquier cosa, me da igual. Es como si tuviera adicción por los carbohidratos y creo que tiene que ver con que sacian más rápidamente que el resto de alimentos: galletas, patatas fritas, pan, pasta, arroz, bollería, chocolate... eso es lo que suelo ingerir, lo que pillo, generalmente de pie, sin apenas masticar, en frío, sin calentar si lo saco del frigorífico, así hasta que me lleno. Actualmente consigo parar antes de llegar a ese extremo, casi nunca*

llego al punto en que me siento tan llena que casi no me puedo mover. Esas ocasiones ya son muy puntuales.
También me han dicho que no los compre, pero no vivo sola, y tampoco es la solución.

He probado todo tipo de tratamientos y dietas: normales, milagro y extra milagro, sopas asquerosas, sobres mezclados con agua, ayunos con líquidos... de todo. He acudido a médicos y endocrinos y casi todos me han dado dieta y ya está, o me han ofrecido operarme el estómago, y esa es una solución física a un problema que es emocional, así que esa no es la adecuada para mí.

No te voy a dar un curso en dietética y nutrición, pero yo me he vuelto casi una experta en el tema. No quiero que me engañen, y generalmente me alimento bien y sé qué es lo que ingiero.

Además, TENGO UNA GRAN FUERZA DE VOLUNTAD. He estado a dieta innumerables veces y las he seguido a rajatabla en muchas ocasiones también. He ido haciendo el típico "yo-yo" con mi peso. En ocasiones, cuando he estado bien, he sido capaz de perder 44kg en un año, 50kg en dos años, y así, pero luego he tenido un bache y he recuperado mucho de nuevo. Ahí está el meollo de mi gran caballo de batalla, la falta de estabilidad a lo largo del tiempo.

Hace años que dejé de provocarme el vómito y lo logré no porque me convencieran las razones médicas, que son las que deberían haberlo conseguido, sino porque me sorprendieron haciéndolo en el baño de casa. Sentí tanta vergüenza de que me viera en esa situación, que no lo hice nunca más. Eso no quiere decir que en ocasiones no sienta tentaciones de volver a hacerlo, porque como no vomito me quedo con todo lo que ingiero y el aumento de peso que pueda suponer en su caso, pero ahora soy plenamente consciente de que esa acción me supondría muchos problemas y solo un beneficio. Así que hoy NO VOMITO PORQUE YO DECIDO NO VOMITAR. Y ese es un enorme éxito por el que me siento muy orgullosa de mí misma.

* * *

Lo que más se conoce de la BULIMIA es el hecho de que comemos de forma compulsiva, pero no siempre se sabe que no lo hacemos por hambre sino por impulsos, por un exceso de ansiedad, hasta que ya no podemos más, que nos cuesta mucho mantener el control sobre ello y que, en los peores casos, se toman laxantes, diuréticos y te provocas el vómito para que lo que has comido "de más" no te engorde.

Se habla mucho del tema, pero la gente en general sabe poco de lo que nos afecta el entorno, la sociedad, la televisión, los medios, a los que estamos vivimos con esta enfermedad. Sobre todo, somos mujeres, pero cada vez son más los chicos y hombres que la padecen; esto me parece muy preocupante.

Detente a pensar un momento: ¿cómo se celebran los cumpleaños, bodas, comuniones...?, ¿cuál es una de las formas más románticas de ir de cita en pareja?, ¿cómo se suelen tratar o cerrar los buenos negocios?, ¿cómo pasa parte de la tarde/noche la gente cuando queda?, ¿qué hace la mayor parte de las personas cuando se aburre y no sabe qué hacer? COMER ¿Cómo premiamos muchas veces a los niños? Con chuches, golosinas, comida. Esto respecto a las costumbres y hábitos.

Ahora reflexionemos sobre el bombardeo que recibimos del exterior: una gran parte de la publicidad que vemos en la calle (vallas, paradas del bus, edificios, autobuses, metro...), en la TV, en internet, en el cine, radio, dondequiera que estemos o vayamos, 24 horas al día, los 365 días del año es sobre COMIDA.

Hay competencia en TV, y en diversos horarios, por los programas de cocina, de cocineros más o menos famosos, concursos sobre el tema que actualmente los tienen incluso especializados en NIÑOS...

No hay revista que se precie que no tenga una sección sobre comida con recetas, FOTOS DE COMIDA y en muchas de las mismas, contradictoriamente, encuentras la sección de moda con fotos de modelos escuálidas (probablemente anoréxica alguna de ellas) y artículos sobre cómo perder peso rápidamente en 1 o 2 semanas haciendo dietas milagro, matándote de hambre, cómo tener una talla 38, o en los que te machacan con el ideal del cuerpo delgado de actores, actrices, etc... ¡De locos!

Y también está el tema de los HÁBITOS BULÍMICOS que nos enseñan en las películas y en la televisión o, ¿cuántas veces hemos visto a la actriz de turno que, hecha un desastre, despeinada, mal vestida y/ o envuelta en un mar de lágrimas o muerta de la rabia por un desengaño amoroso, una traición, o lo que sea, se sienta (más bien se tira) en el sofá delante de la TV o queda con una o varias amigas íntimas y se pone "hasta arriba" de comer patatas fritas o helado? Y te lo muestran como lo "NORMAL" Y "ACEPTADO", lo que se hace cuando te encuentras en ese tipo de situación emocional. ¡MIERDA! ¡QUE NOOOOOO!

No sabes lo que me enfada esto porque no te haces una idea del daño que hace. ¿Y por qué? Porque SE APRENDE A SER BULÍMICO. Está claro que existe una predisposición genética a la obesidad, pero se aprende. Y hay una triste y muy peligrosa realidad ahí fuera, en la red de redes de internet, con las páginas específicas, dirigidas sobre todo al público adolescente (que es la edad en que se suele comenzar, cuando eres más vulnerable), donde se explica cómo darse los atracones, esconder la comida, purgarse, provocarse el vómito, etc., se hacen concursos y demás... Y se hace "Apología de la Bulimia y de la Anorexia". ¡Terrible!

\* \* \*

Te quiero aclarar otra cosa: como las mujeres, tradicionalmente, han llevado la administración del dinero del presupuesto familiar, somos el mayor público objetivo de las empresas de márketing y SE NOS EDUCA PARA CONSUMIR. Desde pequeñas se fomenta el gusto por ir de compras, por usar y gastar dinero, por hacer de las compras un acto social y "femenino", por convertir las compras en algo "gratificante y consolador" que en algunos casos incluso llega a convertirse en adictivo, como la comida.

Por otro lado, están los MERCADOS DE LA ALIMENTACION Y DE LA RESTAURACION que, lógicamente, también quieren vender sus productos, ganar dinero, y lo hacen a través de anuncios publicitarios, de etiquetas llamativas y muchas veces engañosas, dándoles a los platos nombres floridos o rimbombantes, y ejerciendo a veces POLÍTICAS FEROCES DE PRECIOS por las que es mucho más económico comprar productos poco sanos elaborados con hidratos, que otras opciones más sanas que además hay que preparar.

Como ves, nos rodean mensajes contradictorios, y aquí te propongo un par de ejercicios que apoyan lo que he escrito más arriba:

- ¿Te has sentado alguna vez en un banco a observar a la gente que pasa por delante de ti? Es un ejercicio genial. Casi nadie se ajusta a las reglas o cánones de belleza de los que se habla en las revistas "femeninas" o en los programas de televisión... Los seres humanos somos muy diversos y en eso radica parte de nuestro encanto.

- Los productos LIGHT: hay que saber leer las etiquetas. Si te quedas solamente con el nombre "Light" que significa "Ligero", puedes cometer el error en el que incurren muchos consumidores. No significa que No engorda o que engorda poco; lo que te dice esa denominación es que es bajo en GRASA o que no tiene, si además indica que es 0%. Ese mismo producto puede tener un alto contenido en HIDRATOS, es decir, harinas y/o azúcares, y engordar más que otro producto similar que no sea light.

- Lo mismo pasa con las CALORÍAS: depende de qué tipo de composición tenga el producto, engordará más o menos con el mismo o mayor número de calorías.

\* \* \*

*Otra cosa que dicen de los gordos es que no hacemos ejercicio. Los habrá que no se mueven, pero muchos sí lo hacemos. Yo soy una persona muy activa y siempre me he mantenido muy flexible. No voy al gimnasio y me resisto a salir a correr, pero en su lugar camino mucho y practico sexo bastante vigoroso.*
*La SALUD. Asunto importante y que, según quién y cómo lo tocan, me cabrea y no te puedes hacer una idea de cómo. Te ven y por el mero*

*hecho de tener sobrepeso hay mucha gente que, a veces, sin conocerte de nada, se erige en juez y parte y se cree con el derecho de decirte que TIENES QUE PERDER PESO POR TU SALUD. Vamos a ver... ¿Quién le ha preguntado? Y, ¿le he pedido yo acaso su opinión? Puede que yo esté mejor de salud que esa persona que me increpa: no fumo, ni bebo más que ocasionalmente, no tomo drogas, no tengo ETS ni VIH, mis analíticas de sangre y orina están casi perfectas... MÉTASE EN SUS ASUNTOS.*

*¡¡¡Hay una regla cultural no escrita que parece dar derecho a cualquiera a dar consejos sanitarios a los gordos sin tener ni idea!!!*

\* \* \*

Existe una especie de lacra social que considero muy limitante y agresiva: la "Gordofobia" o cultura de la Delgadez fomentada por un lado en gran parte por mujeres y nuestra innegable tendencia a competir entre nosotras, que nos imponemos unos CÁNONES DE BELLEZA muy difíciles o imposibles de alcanzar: tenemos que estar SIEMPRE PERFECTAS, y por otro lado por la TIRANÍA DEL MERCADO tanto de la moda (ropa, cosméticos, deportes, etc.) como de revistas, bloggers, top trenders, it girls/boys, modelos, deportistas, actrices/actores que nos van diciendo cómo cambiar nuestra imagen para, según ellos, "estar mejor", y manipularnos para vender más y ganar más dinero mientras los que se dejan, sufren para alcanzar esos ideales que, por otra parte, no dejan de fluctuar.

Y lo peor es que es que es algo culturalmente aceptado.

Hubo unos años, durante mi adolescencia, en que ni siquiera quería salir de casa porque pensaba que todo el mundo me miraba, se burlaba y no podía prever cuándo a alguien se le ocurriría la gran idea de insultarme por mi sobrepeso. ¡Qué tiempos!

¿Te has sentido así alguna vez? ¿Has pasado por alguno de los procesos que te comentaba anteriormente? Te entiendo perfectamente y más adelante te contaré algunas de las cosas que descubrí que me ayudaron a respetarme y gustarme más a mí misma.

## *12. EL 37*

Una noche que yo estaba tocando la guitarra (nunca fui a clases, soy autodidacta, aprendí de oído, mirando a la gente y con un libro), mi abuela y mi madre se enzarzaron en una discusión bastante fuerte que tuvo como resultado que mi madre le dijera a mi abuela que no aguantaba más y que iba a buscar un piso donde irnos a vivir solas. Y así fue. Entonces tendría unos 13 años.

Lo encontró en el portal de al lado, el nº 37 de la calle. Era la vivienda que había sido del portero y se la alquilaron por un precio muy razonable.

Cada pared estaba pintada de un color diferente, pero horrible, e hicimos lo posible, trabajando todas, y con ayuda de amigos, por empapelar o repintar las paredes. Mi madre hizo un gran esfuerzo económico y compró algunos muebles; el resultado final fue un hogar muy acogedor y bonito.

El caso de mi cuarto fue distinto: mi madre me dejó que fuera creativa y lo decorase como quisiera, así que pinté mi nombre "SUE" en la pared que tenía frente a la cama en letras grandes. Era muy pequeño, pero aun así me encantaba ese cuarto, tener algo de intimidad, aunque tuviese que pasar por el de mis hermanas para poder entrar al mío.

Esa habitación fue el beneficio que obtuve del hecho de tener que ser la responsable del cuidado de mis hermanas ahora que nos habíamos mudado de casa de mi abuela, aunque no perdimos el contacto porque, como insistía mi madre, "es vuestra abuela". De todas formas, sentí un gran alivio y una gran percepción de libertad a pesar de que también había adquirido más responsabilidades y trabajo adicionales.

Todas estábamos mucho más contentas en esa casa, y se notaba que, aunque mi madre estaba estresada del trabajo y por tener que correr a hacer la comida a mediodía o compras, el ambiente en casa era bastante mejor, o al menos eso parecía. Mi madre comenzó a arreglarse algo más, e incluso entre unas amigas y ella organizaron unas clases de gimnasia con una profesora los sábados por la mañana en la zona de los tendedores. Después de eso se ponían "ciegas" de bizcocho o de las cosas ricas que traían las "gimnastas" a casa, pero se/nos los pasaban/pasábamos bomba.

Como estábamos solas mucho tiempo hacíamos bastantes trastadas, como tirar huevos al tejado de la SEAT que estaba abajo, en el patio interior, lavarnos el pelo con agua de lluvia, o hacerle creer a una de las hermanas que se había dormido, que era el día siguiente, que no había estudiado para el examen y que le diese un ataque de pánico, ese tipo de cosillas...

Y éramos especialistas en recogerlo todo en cinco minutos antes de que llegase mi madre de trabajar por la noche e incluso, a veces, prepararle alguna sorpresa. Parece mentira cómo nos organizábamos para conseguir dejar todo impecable cuando antes parecía que había pasado Atila con todos los Hunos y los otros... Hasta estaba la mesa puesta y todo cuando llegaba.

También conseguimos que accediera a que tuviésemos alguna mascota, por lo que acogimos a Nikki y Charlie, dos gatitas grises atigradas preciosas. Nikki me adoptó como "suya", así que dormía conmigo, pasaba el tiempo a mi lado, y cuando me iba de campamento, no quería ni siquiera comer, la pobrecita.

Sinceramente, tengo buenos recuerdos de ese lugar.

* * *

Cuando tenía unos 16 años, más o menos, mi madre se apuntó a un grupo de separados para relacionarse, salir por ahí y demás, y conoció a una persona de la que se enamoró. Mejor dicho, se enamoraron. Por lo visto, él ya la conocía de antes y se había fijado, pero no había tenido la oportunidad que quedar con ella, las cosas de la vida...
La cuestión fue que al poco tiempo decidieron unir sus vidas, que no casarse, aunque mi madre ya estaba divorciada legalmente de mi padre, e irnos a vivir todos juntos. Así que nos pusimos todos a buscar piso, y lo encontramos al otro lado del Ebro. El transporte no era muy bueno, pero los dos nos aseguraron que nos facilitarían ese tema, ya que solo había una línea de autobús, el 41, que pasaba cada 20 minutos o media hora, dependiendo de la franja horaria, y los fines de

*semana era peor; también nos dijeron que nos pagarían los bono-buses sin problema.*

*Nosotras estábamos encantadas de ver a nuestra madre feliz y eso nos hacía estar la mar de contentas, pero nuestra alegría no duró mucho, tan solo unos meses: enseguida empezaron a poner pegas con el tema del bono-bus, la paga semanal, los horarios de llegada a casa, y otros muchos de convivencia porque al hombre pareja de mi madre, le molestaban muchas cosas, unas con razón, y otras muchas sin ella.*

*Con sus hijos, un chico y una chica, nos llevábamos bien, aunque con el chico apenas tuvimos trato. La hija era muy conflictiva, aunque mis hermanas se llevaron muy bien con ella al principio, pero a la postre nos creó muchos problemas. Entre ellos, fue la causante de que me tuviera que ir definitivamente de la casa.*

*La pareja de mi madre no trabajaba apenas porque era comercial de una empresa que estaba a punto de cerrar, pero sobre todo un vago sin sangre en las venas más que para vivir de y con ella. Se pasaba el día en casa dando por saco y sacando pegas a todo. Mi madre, en aquella época, no quería ver, y nos decía cosas, como, por ejemplo, que él estaba por encima de sus hijas, porque nosotras nos iríamos de casa, que era "ley de vida", y que ella, si no, se quedaría sola. La entiendo en cierta forma, ahora que soy adulta y tengo pareja e hijos, pero también sé que hay que encontrar un término medio. Ella no supo encontrarlo en aquellos tiempos y lo que consiguió fue que, al final, a base de echarnos repetidamente de casa, entre otras razones, yo me fuera a vivir de nuevo a casa de mi abuela, mis hermanas segunda y tercera se fueran de casa, a Israel, a intentan cambiar de vida.*

*Mi madre, por su parte, siguió feliz, tenía a su pareja con la que estaba contenta y una casita en el campo, que yo no llegué a conocer, en la que invirtió los ahorros de su vida, donde cultivaba su huerto e invitaba a amigos y hacían fiestas. ¡Cómo cambian a veces los cuentos de hadas pasado el tiempo...!*

\* \* \*

Transcurridos muchos años supe el motivo de la discusión que tuvieron mi abuela y mi madre la noche que estuve tocando la guitarra y que provocó nuestra mudanza: mi abuela tenía celos de mi madre con respecto del "Jefe". Estaba convencida de que mi madre quería algo con él y que quería seducirle. Mi madre le aseguró que no, pero como mi abuela no se bajaba del burro y se la comían los celos, tomó la acertada decisión de cambiarnos de casa.

Como ocurre en muchas ocasiones, mi madre se enamoró de forma tóxica del que fue su pareja. Como su autoestima era muy baja y estaba muy machacada por su pasado, se agarró a él como si se le fuera la vida, a pesar de ese hombre la utilizaba e hizo que se fuera deshaciendo de las personas que la queríamos y que estábamos alrededor intentando que fuera consciente de la realidad de la situación.

"No hay peor sordo que el que no quiere oír": a los seres humanos nos suele pasar que hasta que no nos damos cuenta por nosotros mismos, no reaccionamos y tomamos acción, que normalmente es cuando ya estamos tocando fondo y es muy difícil salir del "hoyo" en que nos vemos atrapados.
Está claro que cuando nos enamoramos, el torrente de hormonas que invade nuestro cerebro y cuerpo nos impide ver la realidad, pero cuando esa fase pasa es diferente y ya somos capaces de evaluar a la persona amada, a la situación, de un modo más objetivo, aunque sintamos amor.

Entiendo que ese hombre era un maltratador en el sentido de que la quería solo para él, y la tenía sometida, aprovechándose de ella, entre otras cosas. Pero a mi madre le daba lo que fuera que ella sentía que necesitaba en aquellos momentos así que se dejó maltratar hasta que ya no pudo más. Te lo cuento en la segunda parte.

Lo más triste es cuando, a pesar de ser consciente, no hagamos nada para remediarlo: por miedo, por comodidad, por sentimientos de culpa, por "el qué dirán", etc. Salir de nuestra "zona de confort" aunque sea negativa y dolorosa suele ser complicado. Y está claro que quien ha de tomar las decisiones y hacer las cosas somos nosotros mismos, que somos quienes vivimos nuestra vida, no los demás, que han de vivir la suya.

Yo escucho a los demás, si tienen algo constructivo que decir, pero he aprendido a tomar mis propias decisiones, teniendo en cuenta los factores que tienen que ver conmigo y no "para quedar bien" o para que los demás se sientan bien a costa mía. Y "llevarle la contraria" a alguien con una sonrisa sincera, sin rebatir con agresividad, es muy asertivo y liberador. ¿Has probado a hacerlo? Si es que si, ¿cómo te has sentido? Si aún no lo has hecho, ¿vas a intentar probarlo?

## *13. LA ESPIRAL*

*Con casi catorce años mi madre empezó a dejarme salir por ahí con las amigas los fines de semana. Ella no lo sabía, pero con 12 comencé a fumar tabaco y ahora, los sábados, iba a una discoteca llamada "Green" donde las chicas no pagábamos por entrar. Aparentaba ser mayor de edad así que nunca me pedían el DNI y yo me sentía una mujer cuando en realidad era una cría.*

*Al principio bebía granadina con refresco de limón, sin alcohol, y mezclas de batidos o jarabes dulces. A veces ligaba y otras no. A ese sitio iban sobre todo chicos que estaban haciendo la "mili"; con ellos practiqué los besos y magreos que te comenté anteriormente, principalmente bailando lentos en la pista. La oscuridad del sitio me ayudaba a superar un poco mis múltiples obsesiones con el peso, la imagen y demás, porque bailar y moverme siempre se me ha dado muy bien, aunque fuera yo sola.*

*Al poco tiempo probé el alcohol y bebidas fuertes, no solo el típico cubata, sino gin tonics, martinis, etc. Aprovechaba para probarlos cuando me invitaban.*

*Más adelante, dejé de ir a ese lugar, cambié de grupo de amigas, y durante un tiempo, con 15, estuve algo sola. Cuando salía, para empezar, iba a un pub cercano a mi casa, el Inca. Siempre iniciaba la tarde de la misma manera: un Martini blanco con mucho hielo seguido de una copa de cava bien frío. Me daba igual lo que me tomase después; me bebía hasta el agua de los floreros, como se suele decir. El caso era acabar borracha. No entiendo cómo no terminé alcoholizada. Imagino que fui muy afortunada y que no lo llevo en los genes.*

*Intercalaba fines de semana sanos de salidas al campo con el grupo scout, con los otros de espiral de autodestrucción.*

*Con 16 mejoró un poco la cosa. Algunas tardes de la semana iba a clase de inglés a la academia donde trabajaba mi madre para aprender gramática, vocabulario y no olvidar lo que ya sabía. El inglés es mi lengua materna: aprendí a hablar en Canadá y cuando regresamos a España, no sabía ni "papa" de español, a excepción de la canción "Vamos a la cama, que hay que descansar..." de la TV.*

*Ese curso hice muy buenas migas con los compañeros y varios profes de la academia, e hicimos un grupo sólido de gente. Salíamos a tomar algo, quedábamos para pasear o hablar, ir de fiesta, e hice muy buenos amigos. Con ellos fui a mi primer concierto a ver a Spandau Ballet, donde, por cierto, pillé un buen "pedo" y acabé después con una de las amigas del grupo en Las cavas del Pirata bailando encima de una mesa... Pero lo pasamos fenomenal, y esta vez no fue en plan destructivo. Esas amistades me han durado hasta la actualidad en algún caso.*

*Probé los porros con esa edad, no te voy a contar con quién o quiénes, pero fumé en unas tres o cuatro ocasiones con diferentes personas y no volví a hacerlo porque, entre otras cosas, no debo tener apenas receptores de THC: mientras todo el mundo se lo pasaba bomba, se reía, se le ponían los ojos rojos, etc., a mí se me secaba un poco la boca y poco más, así que me pareció una tontería gastarme el dinero y el tabaco en ello; dejé de fumarlos, aunque lo hicieran a mi alrededor.*

\* \* \*

Quería olvidar mi realidad, olvidarme de mí, de mi familia, de las responsabilidades, del pasado, del presente, aunque fuese por unas horas... "Divertirme", reírme, desinhibirme sentirme una persona diferente... Tenía la "suerte" de que llegaba un punto en que no era capaz de beber más, no me entraba y, por otra parte, lo meaba todo, así que cuando llegaba a mi casa nadie notaba nada, y no sentía mareos, ni vomitaba, ni tenía la típica resaca del día siguiente, más que en contadas ocasiones.

El alcohol puede ser una droga muy dura, sobre todo si lo usas para evitar pensar en las cosas que te hacen sufrir. Está claro que tiene efectos estimulantes y deshinibidores, pero la caída posterior, cuando se pasan, es lo peor. Intentas evadirte de la realidad para después estar peor. El alcohol NO es la solución.

No he probado las drogas duras como el speed, la cocaína, el éxtasis, la heroína, el LSD, etc., y, aunque muchas personas que tenía cerca, muy muy cerca, las consumieran, incluso delante de mí, nunca quise probarlas. Siempre las he considerado "palabras mayores", muy peligrosas: por suerte o por desgracia, pude comprobar de primera mano sus efectos devastadores, hasta mortales, en gente que conocía, muy bien en algún caso concreto. Con la edad y experiencia que tengo ya, cada vez tengo más claro que hice muy bien y seguiré sin probarlas.

Lo que sí tomé, con 17 años, por prescripción médica, para perder peso, fueron anfetaminas, PONDERAL RETARD 60MG. Este medicamento está suspendido de la venta actualmente, pero yo lo tomaba como ayuda para adelgazar. Te aseguro que no me ayudó mucho, más bien lo contrario.

He tomado diversos medicamentos en distintos momentos de mi vida, y te aseguro que son una ayuda, pero NO son la solución. Si crees que los medicamentos te van a resolver lo que te pasa, los abusos, el maltrato, te adelanto que no es así: tienes que ser tú quien cambie, para que lo haga todo lo demás.

Mi vida era un auténtico desastre. Llevaba tantos años buscando respuestas, modelos que seguir, puertas y/o salidas, perdida en un mundo que me era extraño, atrapada entre la casa de mi abuela y la de mi madre, necesitada con desesperación de amor y cariño normales y sanos que no sabía cómo conseguir... Enredada en una espiral de caos vital que yo misma había acabado creando, que seguía alimentando porque no conocía otra cosa mejor, que no sabía cómo frenar ni parar, aunque me estaba destrozando...

Tan joven, tan amargada y desesperada... Cuando echo la vista atrás... ¡parece como si se tratara de otra persona, pero así estaba yo!

¿Te has sentido así alguna vez? ¿Pediste ayuda? ¿Te lo guardaste para ti?

## *14. UN GIRO INESPERADO*

Me gustaría hacer un inciso para recordarte la evolución de mi carácter y forma de relacionarme con los demás desde algo antes del comienzo de mi adolescencia hasta que llegué a la universidad, aunque ya te he ido avanzando parte.

De pequeña, incluso de bebé, ya era una cría seria, con un temperamento fuerte. Las sonrisas no eran lo mío.

Más tarde, como era una chica "grande", con mucha energía que no sabía controlar (me daba miedo usar mi fuerza bruta), evitaba ponerme agresiva físicamente, así que me "especialicé" en herir con las palabras, con la ironía y el sarcasmo. Sinceramente, no sé qué es peor, si el daño físico o el moral...

Conforme iba creciendo y relacionándome con más personas, cuando salía por ahí, o lo que fuera, me fui dando cuenta de que necesitaba cambiar de actitudes o tácticas, porque lo cierto es que quería acercarme a la gente, tener amigos, que esos amigos me durasen, ser alguien "guay" en lugar de la chica "rara y gorda". No tenía las claves de cómo hacerlo, pero continué con mi método del ensayo/error y, aunque seguía siendo tímida y algo arisca, según la situación, me di cuenta de que era capaz de ser graciosa y de que tengo un punto de "humor negro", estilo gótico, por el que puedo contar algo terrible sacándole el lado "divertido", que no jocoso.

Con la práctica conseguí sacar la "payasa" que hay en mí y, sobre todo, APRENDÍ A SONREIR. Cada uno de nosotros ha de encontrar su manera de hacerlo.

Poco a poco logré que la gente se sintiese a gusto a mi lado y yo me empecé a sentir mucho mejor también, aliviada y con un nivel de autoestima algo más elevado. Ya me comportaba de un modo más normalizado y eso lo aprendí de mi convivencia con el grupo scout Calasancio. Estuve con ellos porque como en nuestro grupo no teníamos una unidad con monitores formados para nuestra edad (15, 16 y 17 años). No es que hiciesen nada especial conmigo, pero era un grupo muy grande de chicas y chicos, mezclado, con muchos años de experiencia acumulada y me tuve que espabilar. No era un grupo pequeño y familiar en el que estábamos más "mimadas". Ahí pude observar largo y tendido a las personas, a todo el mundo, su manera de comportarse, aunque me costaba mucho integrarme, ya que continuaba siendo una persona difícil de tratar, en plena adolescencia. El segundo año me fue mucho mejor, me sentía más cómoda, menos tensa y tenía más claro cómo hacer las cosas, hablar y relacionarme. Y, entre otras, se me abrió la puerta del mundo de los chicos, pero el "de verdad", no el sexual, sino el del día a día.

\* \* \*

Los acontecimientos que había ido viviendo me convirtieron en una chica rara, triste, huraña, acomplejada, con pocas amigas y dificultades de relación.

En mi infancia no me gustaba jugar con muñecas sino a Circo, a Tarzán, con el Exin Castillos, el QuimiCefa, el Cinexin, a "Bancos" (me encantaban y me siguen gustando mucho los artículos de papelería), a enfermeras o a montar campamentos con las literas y las colchas. Si jugaba con mis hermanas a Tiendas lo que quería era envolver cosas; el "rollo" tienda siempre me ha aburrido, como juego y en la vida real.

La relación con mis hermanas no era demasiado buena: la segunda y la tercera siempre fueron una piña y hacían cosas juntas, aparte. Tengo una conexión especial con mi hermana cuarta, desde que nació, pero nos llevábamos 7 años por lo que no solíamos jugar ella y yo solas; en todo caso jugábamos las cuatro a la vez.

Nos zurrábamos bastante, pero no con la pequeña, al menos yo no, menos un día en que perdí los papeles: estaba cuidando de todas, como era habitual mientras nuestra madre estaba en el trabajo, y la tomé con ella, pobrecilla. Le he pedido perdón varias veces, ahora que somos adultas, por aquel episodio, pero en ocasiones me sobrepasaban las circunstancias y la responsabilidad.

\* \* \*

Siempre fui la niña del "¿Por qué?" y sigo siendo así, curiosa, ávida por saber, conocer cosas nuevas y no tan nuevas. Lo antiguo también me interesa, como la Historia, pero menos. Desde muy chiquitina, cuando me regalaban algo, lo desmontaba o le quitaba la cabeza, las piernas y los brazos, pero no para romperlo, sino para ver lo que tenía dentro y cómo funcionaba; luego lo volvía a montar.

Me considero una persona muy inquieta intelectualmente hablando. Cuando llegué a la adolescencia pasé de querer ser bióloga, a pensar muy en serio ser patóloga forense en lugar de médica, porque a los muertos no les haces daño físico ni psíquico y puedes experimentar. Con el dinero de la paga de vez en cuando me compraba ojos de ternera para diseccionarlos, y cuando mi madre compraba un pollo entero me decía que era una "guarra", porque siempre quería ser yo quien lo despiezara y, de paso, ver y estudiar el contenido. Esa profesión siempre me ha atraído, aún hoy, con la excepción del problema de los insectos y algunos olores, pero por lo demás me apasiona; dentro de ese campo me hubiera decantado por la criminalista, que es la parte que más me gusta.

Siempre me ha gustado cantar y se me daba muy bien. De hecho, cantaba en el coro del colegio y tocaba la guitarra. Al final con 14/15 años, estuve cantando y tocando en una de las misas de la mañana de los domingos, con unas compañeras del cole y sus hermanos en la iglesia de los Calasancios con guitarras eléctricas y hasta batería, por lo que quedábamos para ensayar entre semana.
Los fines de semana, si no salía con los scouts o cantaba en misa, los dedicaba a auto-destruirme, como ya te expliqué.

\* \* \*

En la adolescencia llevaba ya años buscando razones para vivir, motivos que me ayudasen a seguir adelante, justificaciones que me hicieran levantarme por las mañanas. Por ello había pasado del ocultismo y la "magia" con los que expresaba mi rabia, aunque generalmente fuera en solitario, a buscar amigos por carta mediante una especie de club/asociación a través de la cual conocí a un chico de Galicia de unos 21 años (yo tenía 14 entonces), y nos hicimos "novios".

Me enviaba regalos, me grababa cassettes con su voz en las que me decía cosas muy bonitas y lo que me quería, largas cartas, y yo le escribía a él también. Hasta que me dijo que me quería hacer el amor y yo me asusté un poco, pero me gustó la idea. Era todo muy ñoño, muy romántico y estaba encantada, hasta que un día se presentó en el portal de mi casa sin avisar. Cuando le vi por primera vez (aunque nos habíamos enviado fotos y era él de verdad) las primeras impresiones fueron nefastas.

Para empezar, yo era más alta que él, y lo primero que me dijo nada más verme fue: "¡¡Me pasas una cabeza!!!, y me quedé algo helada. Pero lo que más me impresionó, para peor, fue el olor de su colonia y que llevaba un traje de chaqueta de lana de pueblo como de los años 40. No supe reaccionar bien y, aunque dimos un paseo, le dejé.

Sé que le hice daño, pero él tampoco era demasiado maduro ni "normal" por algunas de sus actitudes y de las cosas que me dijo, como, por ejemplo, que era la primera vez que iba así cogido de la mano con una chica. Pienso que lo que pasó es que me asusté: era muy niña todavía, aunque iba de lo contrario, y este noviete era básicamente una fantasía fabulosa, que me hacía sentir muy bien y especial, pero esta burbuja de colorín rosa se rompió de repente, aunque su intención, seguramente, fue la de darme una sorpresa.

Yo no estaba preparada para todo aquello: me había hecho la ilusión de que mi "novio" era un chico mayor con experiencia (por sus cartas, sus cintas) y me encontré con alguien de un entorno, cultura y mundología muy distintos a los míos. Encima fue a ver a mi madre al trabajo cuando le dije que no quería volver a verle... ¡Menudo papelón!

Transcurrido aproximadamente un año, le pedí perdón por carta por haberle dejado tirado de esa manera, y me contestó que se había casado, así que me alegré mucho por él.

Unos meses después, con 16 o así, vino al colegio un sacerdote joven, de unos treinta y tantos, alto, delgado, con gafas, diferente de los que había visto. Hablaba como yo pensaba que lo hubiera hecho Jesucristo, sin pelos en la lengua, sin florituras, de manera llana, y explicaba la Ley del Amor y otras cosas de la religión como yo pensaba que debía ser de verdad, y me llegó al corazón.

Le busqué, cuando terminó la actividad para la que había venido, y le solicité hablar aparte. Me dijo que pertenecía a la Orden de los Combonianos y que llevaba temas de comunidades neo catecumenales que funcionan como lo hacían los primeros cristianos. Aquello me llamó la atención. Así que acudí a una reunión con un grupo de jóvenes (no a una comunidad), con este cura y dos "monitores".

Estuve yendo a estas reuniones de manera continuada y, durante bastante tiempo; la religión me llenó el vacío que sentía en mi interior. Incluso acudí a un cursillo sobre misiones combonianas en Madrid porque me planteé ser misionera laica.

Pero poco a poco me di cuenta que no era lo que buscaba, que lo que me llenaba era la compañía de las personas de ese grupo en concreto, su cariño, su amistad, pero que, realmente, mi fe religiosa no era tal, aunque muchos conceptos de Amor, Bondad, etc., sí van conmigo y con mi forma real de Ser, pero me fui separando.

* * *

El verano antes de comenzar C.O.U., mi abuela materna, mi Oma, me llevó con ella a realizar un viaje por varios países que duró algo más de un par de meses: primero Holanda, a donde fuimos en autocar, y nos quedamos unos cuantos días en casa de unos amigos de ella; así pude conocer parte de las tierras de mis antepasados maternos. ¡¡Me encantó!! Tomamos un avión en Ámsterdam hacia Toronto y ahí estuvimos con otros amigos suyos casi todo el tiempo.

Mi abuelo materno, mi Opa, vivía también en Toronto con su segunda mujer (para mí era mi otra Oma), y coincidía que habían invitado a mi hermana la tercera a pasar unos días con ellos. Mi Oma me dejó estar unas horas en su casa y así pude estar también con mi hermana, que regresaba a Zaragoza a los pocos días. Luego me recogió y estuve más tiempo con ella.
Me llevó a la reserva de los indios Mohawk, en Canadá, donde estuve viviendo diez días con una familia muy maja. Lo cierto es que viven como el resto del mundo (de allí, claro), pero conservan muchas de sus costumbres y algunos privilegios.

Yo entonces no lo sabía, pero resulta que mi Oma fue la pareja del jefe de esa tribu durante años, y cuando éste falleció, se la trató como a una reina de verdad. Por eso a mí me acogieron de la forma en que lo hicieron, porque eran del clan de aquel jefe indio. No todo tenía que ser un asco en esta familia, ¿no?

También me dio una sorpresa genial. Fuimos en coche desde Toronto, pasando por las Cataratas del Niágara, donde está la frontera con EE. UU por Detroit, y después hacia el sur hasta Carolina del Norte, ¡a conocer a mi tía G, la hermana de mi madre! Tenía muchísimas ganas de conocerla. Me habían hablado un montón de ella y de lo mucho que me parecía en la forma de ser. Pasamos unos días estupendos con ella que se me hicieron muy cortos. Y de vuelta, de nuevo hacia el norte. Me dejó en casa de mi Opa para pasar el resto del tiempo que me quedaba hasta mi regreso. Uno de esos días, que aún estaba en Canadá, se casaba mi tía, la hija que había tenido mi Opa con su segunda mujer, la medio hermana de mi madre. Así que participé del enlace, de la fiesta y me lo pasé muy bien.

Regresé a Europa en avión, vía Holanda, y de allí a España en autocar. Llegué a Zaragoza el 13 de octubre, donde había un lío tremendo por las Fiestas del Pilar.

*  *  *

Comencé C.O.U. más tarde que el resto por el viaje con mi Oma, pero no hubo ningún problema por eso. Lo realicé en un instituto público, en horario nocturno, con alumnado de ambos sexos como es lógico, y en el que había gente mayor que yo. Lo que más me gustaba era que no te sacaban al encerado a preguntarte los contenidos que se estaban dando, no te obligaban a llevar unos materiales determinados para cada asignatura y que no existía la presión que se respiraba en el colegio de donde yo provenía. Esa sensación de libertad y de estudiar por gusto, por el mero hecho de aprender, a mí me motivaron y obtuve varios sobresalientes.

Recuerdo con especial cariño la asignatura de filosofía (yo iba por letras puras), y al profe que nos explicaba la asignatura, de la que no teníamos libro de texto, sino que tomábamos apuntes. Este hombre entraba en el aula y nos hacía dibujos de campos de coles, o lo que se le ocurriese, para explicarnos a Kant o los pensamientos del autor que tocase. De vez en cuando recogía todos los cuadernos para comprobar si nuestras anotaciones eran correctas. Además, nos animaba a PENSAR y a escribir en los mismos lo que se nos ocurriese que tuviese que ver con lo que estuviésemos dando o no. Para mí aquello era extático, fascinante. No olvidaré jamás esa forma tan maravillosa y motivadora de abrir mi mente. Salía de clase pensando en lo que había visto y oído, analizando y asimilando los conceptos, con ganas de más. También logré una calificación global de sobresaliente.

\* \* \*

Cuando aprobé la Selectividad para acceder a la Universidad, mi nota era mediocre. Mi madre estaba empeñada en que optase por Magisterio, pero, aunque era buena como profesora dando mis clases particulares, no era algo que disfrutara, vocacional, como en su caso, así que con ayuda de los amigos que me apoyaron con el estudio del examen de acceso universitario, decidí matricularme en Turismo, aunque en Zaragoza era privado.

De todas formas, mi madre ya nos advirtió a mis hermanas y a mí, cuando éramos pequeñas, que no nos podría ayudar económicamente con nuestras carreras si decidíamos continuar con enseñanzas superiores, por lo que ya me había hecho a la idea de pedir alguna beca y trabajar a la vez que estudiaba, como venía haciendo desde los 16 años. Y eso fue lo que hice.

\* \* \*

Una tarde de septiembre de 1986, ya con 18 años, estaba con unos amigos en un bar de una zona de Zaragoza que llama "el Rollo". Con las consumiciones solían darnos un plato pequeño de plástico relleno de pipas con sal. Cuando nos las habíamos comido alguno de mis amigos y yo usábamos el plato para jugar al "Frisbee" dentro del pub porque al dueño no le importaba (éramos como de la familia por la frecuencia con la que acudíamos al mismo). Estábamos enzarzados en pleno juego cuando me lancé de espaldas hacia atrás, sin mirar, para atrapar el improvisado cachivache volador, y terminé chocando con la persona que entraba en ese momento en el local. Me di la vuelta inmediatamente para disculparme y... ¡era el hermano de mi amiga, cuatro años mayor que nosotras, el que me gustaba de pequeña que se reía de mí! ¡Toma ya!

Nos miramos y le dije: "Perdona, no te había visto", o algo así. Total, que nos dijimos que hacía mucho tiempo que no nos habíamos visto y nos dispusimos a hablar...

Mi profecía empezaba a cumplirse... Como había vaticinado, pasado un rato de conversación, me comentó que me veía muy cambiada en todos los aspectos, que ya no era la niña "repipi" que recordaba. Acababa de empezar 1º de Turismo y tenía la impresión de estar haciendo algo importante. La cuestión es que aquella misma tarde nos "enrollamos" e incluso acabé haciéndole una felación, cuando se hizo de noche, en un banco de un parque cercano. Era la primera vez que un hombre se me corría en la boca; me pilló desprevenida, porque no me avisó, y lo escupí en el suelo. Sentí cierto orgullo por haber sido capaz de darle tanto placer, por el hecho de ser muy hábil, y sonreí.

Así fue cómo empezamos a salir. Él era un "malote" de los de verdad. Se le conocía en Zaragoza como "El Calavera". Cuando estábamos solos, en la intimidad, era muy diferente. Conmigo no era violento, sino cariñoso y hablábamos bastante, de infinidad de temas. De todas formas, rompí con él al poco tiempo debido a que, en ocasiones, me dejaba tirada para hacer otras cosas. A la semana más o menos quiso enmendarse, que volviésemos, y le di una segunda oportunidad. Él ni trabajaba ni estudiaba, yo ambas cosas, por lo que era yo quien pagaba las consumiciones y el tabaco que nos fumábamos. Fui tan tonta de prestarle parte del dinero que tenía ahorrado para que se lo gastase en drogas.
Por supuesto no lo recuperé nunca, y encima me creó un problemón con mi abuela (con la que vivía en esa época porque mi madre me había echado de su casa "gracias" a la hija de su pareja, como te conté). Como tenía la "bonita" costumbre de cotillear mis cosas, cogió mi cartilla de la caja de ahorros, vio la salida de efectivo y me acribilló a preguntas hasta que le confesé que se lo había dejado a mi novio (aunque no para qué era). No se le ocurrió una mejor idea que llamar por teléfono a su familia, con la que había habido mucha relación en el pasado, y montar un "pollo" para que él me lo devolviera, cuando yo no se lo había reclamado. Como me dijo su madre: "Ya sabes cómo es". Claro que lo sabía, y mi abuela tenía que haberse metido en sus asuntos y no liarla parda, pero eso era imposible.

Respecto al sexo, se negaba a ponerse condón así que o practicábamos la "marcha atrás", o coitus interruptus, y sexo anal, alguna felación que otra, y en general disfrutaba, pero no creo que llegase al orgasmo de verdad con él en ninguna ocasión.
Se lo llegué a comentar, que me costaba sentir y correrme, y me dedicó algo más de tiempo, pero ni siquiera así. Cuando salíamos por ahí bebíamos bastante y estuvimos juntos las Fiestas del Pilar de ese año,

así que te puedes hacer una idea del control que teníamos sobre nosotros.

Otro problemón que tuve con mi abuela fue por una tarde en que ella había salido y se suponía que iba a tardar en volver, así que aprovechamos para echar "un polvo" en mi cama. Con tan mala suerte que regresó antes de lo previsto y se lió un follón tremendo. Aparte de echarnos una bronca enorme, le echó de casa gritando y tirándole los zapatos y parte de la ropa por las escaleras abajo. A mí me puso de puta para arriba, pero a eso ya estaba más que acostumbrada.

Un día este chico me dio una sorpresa y me vino a buscar en moto a la Uni. Se la pidió prestada a un amigo. Alguna vez hizo cosas especiales como esta, pensando en mí, pero estaba claro que lo nuestro no funcionaba.

En diciembre de aquel año rompí con él definitivamente. Era mi primera relación "estable", aunque duró unos tres meses en total.

* * *

Mientras, el curso en la "Escuela de Turismo Aragón" me iba de maravilla. Me gustaban mucho las asignaturas, los profesores en general y encajaba muy bien con la mayoría de mis compañeros. De hecho, hice campaña cuando se dio el caso y fui elegida delegada de clase. Estaba encantada porque siempre había querido ser elegida en el cole y no había surgido, así que fue como cumplir un sueño. La gente me aceptaba, y empezaba a sentirme cómoda entre mis "compis", pero no solo era popular entre ellos, sino que también les caía bien a los profesores y a alumnos de otros cursos. Una "utopía" que comenzaba a hacerse realidad. No solo era una más, sino que, además, era querida.

Éramos un grupo de gente excepcional.

* * *

Otra historia muy diferente era la que vivía en casa, con mi abuela. Cuando el yayo Pepe falleció, la economía de mi abuela se resintió, como es lógico, así que decidió alquilar una de las habitaciones a un "huésped". Al principio tuvo a un estudiante de matemáticas que estuvo un par de años, y luego a un bancario que se acababa de separar de su mujer porque necesitaba, tranquilidad. El hombre tendría alrededor de sesenta años. Parecía majo en el trato, aunque yo apenas hablaba con él más que lo justo o le ponía el desayuno, la comida o lo que fuese, si mi abuela no estaba.

Un par de veces, cuando mi abuela fue a poner la lavadora, me llamó para contarme un "secreto" y enseñarme los pañuelos de tela del hombre que, según ella, lo que llevaban pegado no eran mocos sino semen. A ella le debió hacer gracia, pero a mí me pareció de lo más desagradable, aparte de que no me importaba lo más mínimo si se masturbaba y se corría encima de los pañuelos o no. Casi hubiera preferido no saberlo.

Una tarde me montó un escándalo terrible porque decía que estaba intentando seducir al huésped, y yo le dije que estaba loca, que de dónde se había sacado semejante idea, que era muy mayor y yo tenía novio, pero ella insistía y para colmo de males con el pobre hombre en la casa, que tampoco sabía dónde meterse con semejante escenita.

Así que al final opté por irme de la casa dando un portazo. Quedé con mi novio y le conté lo sucedido, bebí bastante y llegué borracha a la cena que, con motivo del campamento, había organizado el grupo scout ASPE (al que había regresado como monitora) con los padres que habían colaborado. Como me vieron llegar en semejante estado, me pusieron en una esquina alejada de la mesa, para que no se dieran cuenta de la situación en que me encontraba. Un desastre...

\* \* \*

Poco después, mi abuela me dijo que este huésped le iba a dar más dinero por acostarse con ella. ¡MI ABUELA ME ESTABA DICIENDO QUE ERA UNA PROSTITUTA, con toda la tranquilidad del mundo! Yo seguí hablando con ella intentando no cambiar el tono de voz, pero alucinando. Le dije que hiciese lo que quisiese, que lo único que le pedía es que no lo hiciese estando yo en casa.

A los pocos días, por la tarde, yo estaba en la cocina y apareció con el rostro iluminado, sonriendo, diciéndome que habían estado juntos. Yo me enfadé mucho porque le había pedido que, por favor, no lo hiciera estando yo en casa, ella había aceptado y no lo había respetado. Así que tuvimos una bronca monumental en la que le dije que estaba harta de que me acusara de ser una puta cuando la que lo era

*DE VERDAD era ELLA. Que yo tenía sexo con quien me daba la gana, pero que nunca había sido por dinero. Acabó diciéndome que me fuera de su casa, con mi madre, y se marchó a bajar a sus perros a la calle.*

*Yo aproveché ese momento de desesperación para tomarme una caja entera que tenía de las anfetaminas para perder peso (el Ponderal Retard de que te hablé) y un montón de Tranxilium 5 que tomaba mi abuela para dormir. Me fui a casa de mi madre en el autobús, destrozada y deseando morirme de una vez, desaparecer y descansar...*

*Cuando llegué a casa de mi madre era de noche y ella estaba hecha una furia. Mi abuela se me había adelantado y la había telefoneado contándole su versión. Yo apenas conseguía mantenerme en pie. Mi madre me gritaba que ella no me quería en su casa, y que, si alguna de mis hermanas tenía piedad de mí, si me quería acoger en su cama, en su habitación, pues bien. Le expliqué lo que me había tomado y me contestó que le daba igual, que por ella me podía morir. Y no hizo nada.*

*Mis hermanas me dejaron entrar en su habitación y me acosté en la cama de una de ellas, no sé en la de quién. Acto seguido me tuve que levantar al baño a vomitar. Y así estuve cuatro días entre la inconsciencia y el baño para devolver... No entendí por qué no me fui "al otro barrio", que era lo que yo hubiera deseado, por lo que me había atiborrado de pastillas.*

*El huésped se marchó al poco tiempo, después de otra escena de mi abuela en mi contra, porque como ella decía yo "le provocaba para seducirle" (acusación totalmente infundada, por supuesto). El pobre hombre, a escondidas, tras hacer la maleta con sus pertenencias, su reproductor de vídeo y justo antes de salir por la puerta para tomar las de Villadiego, se disculpó conmigo y me dio 5.000 pesetas (que yo intenté rehusar con vehemencia). Imagino que se sentía culpable de algún modo por lo que me estaba pasando y me quería recompensar.*

*¡Qué mierda de celos enfermizos!*

* * *

A pesar de tener mucha información sobre sexo y sexualidad, mi autoestima era muy baja como para exigir el uso del condón. Y sé que es algo muy frecuente no sólo entre adolescentes. Esta es una de las razones por las que me he preparado concienzudamente para ser Sex Coach (Consejera Sexual).

Además, no podía entender el porqué de tanto sufrimiento, de aguantar malos tratos, que no se me respetara, que ni mi madre me quisiera viva, que tampoco fuese capaz de acabar con mi vida y estar por fin en PAZ.

Había sobrevivido de nuevo al intento de suicidio, de milagro, pero en realidad era zombi, no tenía ninguna razón por la que seguir en este mundo mereciese la pena, aunque de cara a la galería hacía todo lo posible por que no se me notase y por SONREIR, aunque por entonces me costase casi la vida hacerlo.

Lo que no podía prever es que mi vida daría un giro inesperado e increíble…

El Precio de mi Sonrisa

El Precio de mi Sonrisa

# RESURRECCIÓN

## 15. LUZ AL FINAL DEL TUNEL

En 1º curso de Turismo hice las prácticas de guía de monumentos con mis compañeros, presentando varios trabajos escritos (estos últimos a nivel individual) y realizando salidas todos juntos, algunas fuera de Zaragoza capital, en autocar, y nos lo pasamos de "coña".

También decidí hacer las prácticas de hotel ese año. Para ello estuve un mes yendo por las mañanas (mi turno de estudios era por las tardes) al Hotel Conquistador*** y fue una experiencia inolvidable. El trabajo en la recepción, con los clientes en general, explorar y sentir la "vida" del establecimiento con todo lo que ello conlleva, me encantó.

Y ya que me había puesto... pedí hacer las prácticas de agencia de viajes el primer curso y quitarme todas de una vez. Esperaba aprender mucho de esta experiencia, pero mi paso por aquí no fue tan estupendo como esperaba. Tenían mucho trabajo, al estar cerca de la Semana Santa, y no me pudieron dedicar mucho tiempo, así que pasé casi todas las prácticas mirando y estudiando folletos de viajes, ofertas de forfaits, haciendo recados y llevando o trayendo más folletos a/de las agencias mayoristas a pie.

Fue durante estos trayectos andando cuando empecé a encontrarme muy mal: tenía unos dolores terribles en el bajo vientre. A veces incluso tenía que parar y estar unos minutos encogida, porque no era capaz de seguir caminando. Eran unas sensaciones punzantes, calambres muy fuertes, pero solamente me sucedía cuando pasaba cierto tiempo andando. Me planteé ir al hospital a que me viese alguien, pero estaba segura de que me dolía porque llevaba otra vez varios meses sin regla, como ya me había ocurrido en otras ocasiones, en que iba y venía un tiempo. Mis desarreglos habían sido tremendos, desde siempre. Tras unos días cesó el dolor y me olvidé.

Al poco tiempo, como una semana o dos, no recuerdo bien, comencé a notar algo más raro aún, como si se tratara de gases. Más tarde fui capaz de identificar algo que se movía en mi interior, y tuve consciencia de que ESTABA EMBARAZADA, aunque no me hice la prueba, pero no sabía de cuánto tiempo. Lo que tenía claro es que mi ex novio era el padre. No había forma de que pudiese ser otro.

Cuando me di cuenta de mi situación de embarazo, me entró el pánico y la cabeza comenzó a darme vueltas pensando en situaciones terribles con mi madre, mi abuela y el resto de mi familia. Después, cuando logré serenarme un poco, hice un esfuerzo tremendo por mantener la poca cordura que me quedaba, y analicé las cosas. Recapitulé y recordé mi intento de suicidio... Juntando cabos caí en la cuenta de que estar embarazada fue lo que hizo que vomitase durante esos cuatro días que estuve en la cama, aunque el resto del tiempo lo pasara inconsciente, y esos dolores que tuve, ahora estoy convencida que fueron amenazas de aborto, pero esa criatura se aferraba a mí, quería vivir a toda costa, así que decidí que, aunque yo estaba muerta emocionalmente en esos momentos, mi bebé iba a nacer y yo iba a ser su madre porque, entre otras cosas, ME HABIA SALVADO LA VIDA Y YO IBA A DARLE LA SUYA.

Ahora tenía un motivo para vivir y seguir adelante, aunque no fuese por mí: POR MI BEBÉ. Pero no se lo dije a nadie hasta transcurridos unos dos meses.

Durante ese lapso de tiempo me dediqué a buscar soluciones posibles a los problemas que se me pudiesen presentar cuando soltase "la bomba" en casa. En ese tiempo vivía de nuevo con mi abuela (otro pelotazo del ping pong): si me echaban de casa me iría con la criatura a vivir con unas monjas que se dedicaban a ayudar a madres solteras sin recursos con sus hijos hasta que éstas se podían valer por sí mismas. Si mi madre no quería saber nada, ya sabía cómo acceder a la Beneficencia y solicitarla para los temas médicos ya que, hasta entonces, yo seguía en su cartilla de la Seguridad Social. Si no le podía dar el pecho a mi bebé, ya tenía localizado el servicio que denominaban "La Gota de Leche", donde te facilitaban leche maternizada en polvo de forma gratuita...
También acudí a los Servicios Sociales explicando mi situación y, entre otras opciones, me ofrecieron la posibilidad de dar a mi criatura en adopción. Me explicaron que, si me decidía por esta, me inscribían en un registro especial, y cuando me pusiese de parto solamente tenía que acudir al Hospital San Jorge, donde tendrían mis datos. Que al dar a luz no vería al bebé en ningún momento y que allí firmaría los papeles con mi consentimiento para que lo pudiesen adoptar. Les agradecí la información, pero yo iba a SER LA MADRE DE MI HIJO, con todo lo

que aquello conllevase. Sabía que no iba a ser nada fácil, pero era LO ÚNICO QUE TENIA EN EL MUNDO.

* * *

Cuando estaba ya de unos siete meses, apenas se me notaba, y la criatura se movía vigorosamente: eso me tranquilizaba, era buena señal. Los sábados por la mañana me iba a Tauste, muy temprano, en autocar, a dar clase de inglés a unos niños hasta mediodía, y cada vez volvía físicamente peor. Se me notaba mucho que me encontraba mal, con la cara desencajada. Mi abuela me preguntaba que qué me ocurría y yo le contestaba que "nada".

Sinceramente no sabía cómo iniciar la conversación para sacar el tema. Yo sabía que mi abuela se había casado embarazada de mi tío, y lo mismo sucedió con mis padres, que se casaron de "penalti" conmigo, como se suele decir, pero yo estaba sola, y no tenía ninguna intención de casarme con nadie, y menos con el desastre de mi ex novio.

Uno de esos sábados en que regresé de viaje, mi abuela insistió en que le explicase qué me ocurría, porque me vio francamente desmejorada. Me sometió al tercer grado preguntándome que qué me pasaba hasta que me dijo: "¿Estás embarazada?", le contesté que sí y nos echamos a llorar. Yo estaba hecha polvo y no me encontraba bien. Me dijo que no era la primera ni la última, que no me iba a echar de casa y que entre las dos sacaríamos al bebé adelante. Yo, por mi parte, le expliqué todos los recursos que había buscado y localizado, que no llegaba con las manos vacías.

Me instó a que llamase a mi madre por teléfono, bueno, ella fue la que la telefoneó y se lo contó. A continuación, me pasó el auricular a mí: estaba bastante enfadada y me dijo que tenía que abortar; le expliqué que no quería hacerlo y que, aunque hubiera querido, mi embarazo estaba ya muy avanzado, que pensaba que me tocaba dar a luz en agosto (según mis cuentas, debí quedarme en estado en las Fiestas del Pilar, pero no podía saberlo ya que no recordaba cuándo tuve mi última menstruación). Me contestó que estaba loca, y que me deseaba mucha suerte en un tono entre ácido y sarcástico.

Colgó.

Al día siguiente, mi abuela regresó a casa tras haber salido a hacer unas cosas y me dijo que se había presentado en casa de la familia del padre de mi bebé, que les había dicho que estaba embarazada y que no quería nada, pero que queríamos que lo supieran. ¡SIN CONTAR CONMIGO EN NINGUN MOMENTO! Según ella, él negó en un principio ser el padre, pero vaya usted a saber. Eso me daba igual porque yo no hubiese seguido con él de todas formas y no le quería como padre de mi criatura. Quería que fuese un bebé feliz y no desgraciado. La cuestión es que mi abuela me dijo que no quisieron saber nada del embarazo, así que, para mí, un problema menos. **Lo que me enfadó muchísimo fue el hecho de que me apartó del todo, aunque no dije nada**.

No cabe duda que siempre le estaré agradecida a mi abuela por acogernos a mi bebé y a mí en su casa, pero el precio que pagamos por ello fue demasiado alto...

\* \* \*

Los días posteriores fueron frenéticos: vista la actitud de mi madre, fui a la Seguridad Social para quitarme como beneficiaria suya y me registré en la Beneficencia del Ayuntamiento, debido a que no tenía recursos, más que los de las clases particulares que daba, que no me reportaban demasiado dinero y que cobraba en negro. Una vez hecho esto, fui por primera vez al toco-ginecólogo y le expliqué lo que había, sobre todo que me preocupaba mucho lo de las pastillas que había ingerido sin saber de mi embarazo. Me hicieron un montón de pruebas en las que se comprobó que estaba muy sana y me mandó hacer una ecografía.

Acudí con mi abuela. A ella la hicieron esperar fuera mientras me la realizaban. Lo primero que se vio al aplicar el ecógrafo fueron los testículos y el pene de mi hijo, por lo que el técnico, divertido, me lo contó y me dijo: "No hay duda de que es un niño". También me explicó que era un bebé bastante grande y que estaba encajado (ya debía estar de ocho meses), pero que estaba un poco torcido, aunque podía ponerse bien en cualquier momento. Por lo demás me dijo que todo estaba perfectamente, que era un chico activo (¡eso ya lo notaba yo!), que no se apreciaban malformaciones ni nada, y respiré aliviada.

Cuando salí de la sala, mi abuela le preguntó a la enfermera que qué tal y ella le soltó: "Muy bien, señora, dos bebés preciosos". Mi abuela palideció y, riéndose, le volvió a hablar: "Que nooo, señoraaaa, que es un chico, pero muy grande". La broma estuvo muy bien pero casi le da un patatús a la vieja.

* * *

A pesar de todos estos avatares conseguí superar el 1º curso de Turismo completo. Ningún profesor sabía de mi embarazo; solamente tenían conocimiento de ello un par de compañeras. Aprobé yo sola todas las asignaturas, sin ayuda extra de los profesores, con la excepción de Geografía turística, que saqué un cuatro y algo; en este caso concreto hablé con la docente, le conté lo que había (se sorprendió muchísimo) y me aprobó con un cinco porque sabía que había estudiado.

A finales de junio me asusté porque durante casi un día entero no noté moverse al peque y me fui al hospital de urgencias. Me dijeron que había dilatado tres centímetros y que lo más seguro daría a luz en cualquier momento. Pero transcurrían los días y nada. El tocólogo insistía en que quería hacerme una cesárea porque el niño era muy grande, yo era primeriza y solo tenía 19 años, pero yo quería un parto natural a no ser que hubiese problemas para el niño o riesgo mortal para mí.

Como no me ponía de parto por mí misma, y no sabíamos exactamente de cuánto tiempo estaba embarazada, se decidió que me inducirían el parto el 14 de julio de 1987. Y así fue: ingresé la noche anterior y a las ocho de la mañana (era lunes) me inyectaron hormona oxitocina para provocarme las contracciones. Sobre las tres de la tarde estaba ya muy cansada y aproximadamente a esa hora el tocólogo se fue a comer también. Mi hijo seguía mal colocado, y si no cambiaba la situación, me harían la cesárea a su regreso. En esas estaba cuando me dio una arcada, y con el esfuerzo el niño encajó bien la cabeza y comencé el expulsivo yo sola, así que me llevaron al paritorio y a las 16:50 nació mi hijo de forma natural, como era mi deseo.

Jamás olvidaré ese momento, la sensación de la presión de la cabeza de mi pequeño al salir, el resto de su cuerpo con el siguiente empujón y el magnífico orgasmo que tuve después. Entonces no tuve conciencia de que lo era. Lo definía como la percepción que tienes cuando sientes muchísimas ganas de hacer pis, pero no tienes dónde, pasas así mucho rato y consigues mear al fin, esa sensación de placer... Pasados unos años ya fui capaz de precisar, y efectivamente aquel efecto fue un tremendo orgasmo.

Así fue la llegada al mundo de mi primer hijo, con 4,200 kg. de peso y 53 cm. de largo. ¡LO LOGRÉ! ¡MI TESORO!

Estaba exultante de alegría con mi niño. Era precioso y yo esperaba ser la mejor madre del mundo, aunque no tenía ni idea de cómo; mis estudios de puericultura solo me ayudarían un poco. Lo único que cierto entonces era el AMOR que sentía por esa personita que tenía entre los brazos, al que daba el pecho, que me miraba con esos ojazos y que hacía que me derritiese. ¿Cómo se podía querer tanto a alguien? Mi hijo lo era TODO para mí.

Ese día vinieron varias personas a vernos: fue estupendo compartir mi felicidad y que vieran mi maravillosa creación.

* * *

Pero esa satisfacción duró poco. Al día siguiente mi abuela apareció en la habitación del hospital, muy agitada, pidiéndome los papeles del nacimiento del niño para llevarlos al Registro Civil. Le expliqué que ella no podía registrar al pequeño porque, al ser madre soltera, la ley me exigía ser yo misma la que acudiese en persona a hacer esa gestión, nadie podía hacerla en mi lugar. Como seguía insistiendo y no parecía querer entender, le pregunté que qué ocurría, así que me explicó que teníamos que evitar que mi madre se enterase de que el niño había nacido durante el mayor tiempo posible porque había buscado un notario para incapacitarme como madre, quitarme a mi hijo y darlo en adopción. Que teníamos que ir al Registro Civil cuanto antes y hacer los papeles del pequeño a mi nombre y, aun así, guardar el secreto lo máximo posible.

En aquel instante sufrí un ataque de pánico. ¡No podía quitarme a mi hijo! ¡Mi niño no! Pensaba morir de dolor y de miedo, de odio y de rabia... Del disgusto se me cortó la secreción de calostro y desde aquel momento apenas conseguí darle el pecho a mi bebé. Le tuve que ayudar con biberón y la leche de la "Gota de Leche" donde acudía cada semana a pesarle y a por las latas de polvo.

En cuanto salimos del hospital lo primero que hicimos fue acudir al

Registro Civil, y no respiré hasta que tuve mi Libro de Familia en la mano.

Mi abuela había conseguido, por fin, que el odio hacia mi madre fuese TOTAL.

\* \* \*

El primer año y pico de convivencia con mi hijo en casa de mi abuela fue un infierno. Para ella mi hijo era SU NIÑO, y de hecho se refería a él en esos términos.

Desde recién nacido, cuando lloraba por la noche, venía y me lo quitaba de los brazos aduciendo que yo no sabía y que era una "mala madre". Cuando empezó a comer en la trona la puso a su izquierda, en lugar de entre nosotras, y así le daba ella de comer, me desautorizaba siempre que podía delante de él, le daba de comer mucho cuando yo quería que comiese bien, de forma equilibrada, que no fuese un niño obeso, si yo decía A tenía que ser B porque ella lo decía.

Estaba desesperada porque yo le había traído al mundo para ser su madre, mejor o peor, PERO YO ERA SU MADRE, y no quería que él pasara por lo que yo había tenido que sufrir.

\* \* \*

- ¿Qué habrías hecho tú, respecto al embarazo, dada mi situación?

**No hay respuestas buenas o malas, correctas o incorrectas. Cada persona conoce cómo es, cómo se siente y cuáles son sus circunstancias.**

**Por otra parte, opino que obligar a alguien a hacer que no quiere, y más en un tema tan sensible, es una forma de violencia terrible. ¿Conoces algún caso concreto?**

**Cada persona ha de decidir qué hacer, teniendo en cuenta su personalidad, sus circunstancias, etc., y yo no soy quién para decir o decidir qué se ha de hacer en cada caso concreto ya que hay que tener en cuenta multitud de variables y consideraciones. Si conoces a alguien que haya pasado por una situación parecida,**

¿se tuvieron en cuenta sus deseos aparte de su situación personal? ¿Se la ayudó de alguna manera, atendiendo a lo que ella quería hacer respecto de su embarazo, fuese cual fuese su decisión?

Para mi vida, como has podido leer en este capítulo, dar a luz y tener a mi hijo fue motivo de Felicidad increíble, de Amor incondicional, y de sensaciones de Plenitud y ALEGRÍA que jamás había experimentado. Esos momentos fueron maravillosos y, a pesar de las dificultades, todo ello me ayudó y motivó a seguir adelante. ¡Cuántas sonrisas tanto mías como de mi bebé! ¿Y sabes una cosa? Se ha demostrado científicamente que sonreír es algo innato en los seres humanos, que hasta los bebés ciegos de nacimiento lo hacen, y se siente una/o de bien...: D

Me gustaría aportar también que considero importante una Educación Sexual adecuada para nuestras/os jóvenes que no esté enfocada básicamente en los aspectos reproductivos de la sexualidad o en las enfermedades de transmisión genital (ETG), sino también en otros aspectos como la Autoestima, el modo de relacionarse entre ellas/os ya sean normativas o no, los tipos de amor, la imagen corporal, el deseo... Todo de ello para facilitar una formación integral que nos ayude a vivir y tomar decisiones con consciencia, Asertivas, que nos hagan más felices, plenos, tanto ahora como en el futuro.

¿Qué opinas tú? ¿Tienes alguna otra perspectiva?

## 16. MI PRIMER "NO"

Con aproximadamente 20 años fui al psicólogo de la Seguridad Social que me correspondía por zona. Tenía una depresión tremenda y me envió el médico de familia. Aquel fue el primer paso de los miles, millones, que he ido dando, pero tengo que darle las gracias a aquel gran profesional que, en aquella época, os hablo de 1988, estaba preparado para entenderme y ayudarme. Os puedo asegurar que yo no era una persona fácil, estaba destrozada, muerta, pero consiguió que comenzara mi RESURRECCIÓN.

En aquellos momentos de mi vida yo sabía que necesitaba ayuda para mí misma, y mucha, pero no sabía muy bien cómo, dónde ni a quién pedirla, y además tampoco tenía esperanza en que las cosas fuesen a mejorar ni para mí, ni para mi hijo. Estaba viviendo en casa de mi abuela, que no solo me tenía enganchada a mí, sino que ahora también tenía a mi hijo, que era la única razón y energía que me mantenían con vida. Me ahogaban los sentimientos y pensamientos de impotencia, desesperanza, odio, rabia... No veía ninguna salida; estaba atrapada en una jaula invisible de la que no alcanzaba ver cómo escapar.

Tampoco tenía relación con mi madre, a la que odiaba por haber sugerido que abortara cuando se enteró de mi embarazo, pero, sobre todo, porque intentara inhabilitarme, mostrarme incapaz de ser madre ante un notario y quitarme a mi hijo para darlo en adopción. Los días posteriores a dar a luz, escondiéndome para que se enterase lo más tarde posible, fueron terribles. De hecho, como te conté, se me retiró la leche por el estrés y el disgusto.
Mi padre y hermanas estaban lejos, así que podríamos decir que estaba SOLA a nivel familiar.

SIEMPRE tuve a mis amigos, y gracias a ellos, conseguí salir adelante muchas, muchas veces, emocionalmente hablando, pero cada uno tenía su propia vida y yo tenía que vivir la mía, no podía colgar de las suyas.

El psicólogo que me trató durante aquellos meses no era mucho mayor que yo. Imagino que haría poco que habría acabado la carrera. Supongo que eso fue un punto a favor porque le hacía más cercano. Obviamente no puedo recordar el orden de las cosas que tratamos, pero lo que sí recuerdo es el IMPACTO que causaron en mí entonces, y las consecuencias que tuvieron en mi recorrido como persona a través del tiempo hasta hoy; y sigo trabajando conmigo misma, así que seguirán teniendo su influencia en el futuro también.

* * *

Una de las más importantes, fue que me dijo: "TIENES **DERECHO** A DECIR NO". Aquella frase fue como cuando los "Homo Sapiens" de la película "En busca del fuego" de Jean-Jacques Annaud le enseñaron al "Neanderthal" cómo producir fuego tras haber pasado toda su existencia luchando por él: se le había apagado el que le habían dado en custodia, así como la esperanza de conseguir más. El pobre lloraba entre aliviado, esperanzado, incrédulo, alucinado, pequeñito...

Y allí estaba yo, en la consulta, en shock, llorando como una magdalena. Toda mi existencia había pensado que debía ser así, pero mi realidad me lo negó... ¡¡¡Hasta ese día!!!
No solamente me estaba explicando lo que era la ASERTIVIDAD y que debía decir NO si era lo que realmente quería decir, sino que además tenía DERECHO. Bufffff, aquella fue una de las grandes revelaciones del comienzo de mi Resurrección y de mi vida.
No solamente hablamos de ello, sino que me recomendó una herramienta que me resultó muy útil, el libro de Herbert Fensterheim "NO DIGA SÍ CUANDO QUIERA DECIR NO".
Es un libro bastante ameno que te habla de cómo ser asertivo en cualquier situación, y al final de cada capítulo te propone preguntas y/o ejercicios prácticos para ir haciendo y avanzando.
Al principio se me hizo complicado porque mi asertividad era casi nula y me parecía que no iba a ser capaz de hacer ninguna de las actividades propuestas, pero empecé por lo que me pareció menos difícil y fui dando pasos positivos poco a poco. A día de hoy digo que "NO" cuando me lo propongo, y estoy muy satisfecha porque me considero una persona bastante asertiva. No ha sido fácil, pero nadie me dijo que lo iba a ser. Me siento muy orgullosa de mí misma.

Algo que necesitaba tratar con urgencia era mi FALTA DE AUTOESTIMA y RESPETO/CUIDADO POR MI PERSONA. Por supuesto que todo va unido, pero yo quiero separar algunos temas, para enfatizarlos.

Aparte de los problemas que ya tenía de casa, se añadía la educación religiosa católica que recibí de las monjas. Me enseñaron que Jesucristo dijo: "Amarás a Dios sobre todas las cosas y al prójimo como a ti mismo". Pues bien, enfatizaron sus enseñanzas en lo de amar a Dios y al prójimo, pero lo de amarse a uno mismo, para nada. No debían entender la diferencia entre autoestima/amor propio y egoísmo, así aprendí que amarse a una misma era egoísmo, que de la masturbación ni hablar porque era pecado, así como el sexo antes del matrimonio. Ese era el cuidado que debía tener. Un desastre, al menos para mí. He de decir que estas monjas me ayudaron mucho en otros aspectos de mi existencia, pero en esto, NO.

De la religión también aprendí a sentirme CULPABLE por sentir y hacer cosas que, en realidad, son naturales, y a tener una visión NEGATIVA de mí y de las relaciones, aunque intentaran pintarlo de otra manera. Yo buscaba la visión que creía que tenía Jesucristo, pero esa la encontré más tarde, no en la religión ni el colegio.

*** 

Con el psicólogo empecé a ver un rayo de luz en la lejanía, a vislumbrar que era posible ser feliz de algún modo, y que muchas de las ideas que yo pensaba eran correctas: "que no estaba equivocada, no estaba loca, aunque llevasen toda la vida intentando hacerme creer lo contrario". Lo cierto es QUE ESTABA MUY CUERDA, pero me habían estado machacando. Eran muchas sensaciones y pensamientos muy intensos, muy perturbadores también, porque implicaban mucho trabajo, cambios y decisiones. Mi cabeza iba a mil por hora, a toda velocidad... Las cosas ya nunca iban a ser igual...

Mi abuela se empezó a mosquear, lógicamente, porque yo estaba empezando a enfrentarme a ella con coherencia, me estaba haciendo respetar, y me estaba manteniendo firme, por lo que se sentía amenazada, así que me dijo que quería conocerle y venir conmigo un día a la consulta. Se lo comenté a mi terapeuta, y concertamos una cita para acudir las dos juntas.

Si no analizase la intervención de aquel día podría haber llegado a interpretar que fue algo desastre, pero no fue así: mi abuela se mostró a "la defensiva" todo el tiempo, "atacada" por mi psicólogo. Yo apenas dije nada, me limité a hacer origamis con una hoja de papel sin casi levantar la mirada de mis manos. Recuerdo haber dicho que parecía que siempre era yo la culpable de las cosas que ocurrían debido a que ella nunca se disculpaba ni pedía perdón, cuando yo sí que lo hacía, unas veces de palabra, otras veces con un gesto, con una flor, etc... Su respuesta fue que a ella le había enseñado la experiencia que pedir perdón era señal de debilidad, a lo que el profesional le respondió que disculparse/pedir perdón era una muestra de educación y valentía y que, si ella era la causante de algo, no estaría de más que lo admitiera; que eso además hablaría de su calidad como persona. Mi abuela reaccionó diciendo que a partir de entonces apuntaría en un cuaderno las cosas que hacía ella, las que hacía yo y las veces que nos disculpábamos... Hablamos de algunas otras cuestiones en esta entrevista en la que yo me encontré a mí misma muy tensa, pero mi psicólogo me dijo ya a solas, a posteriori, que mi abuela era el tipo de persona con el que es IMPOSIBLE resolver nada, y que tenía que buscar alternativas para conseguir mis propósitos. Que me dijera aquello fue un gran ALIVIO. De nuevo sentí que no era yo la loca, la perturbada e insana, y me ayudó a dar un gran paso mental hacia adelante y de mejora de mi autoestima.

Fue con esta terapia cuando CONSEGUI HABLAR DE LOS ABUSOS SEXUALES que sufrí con 6 ó 7 años en Alcobendas, de lo que recuerdo del episodio de Alpedrete con 8 ó 9 y así mismo lo de que mi abuela me tratase de "puta" y me dijese que "Menuda niña era..." porque, según ella, yo intentaba provocar y seducir a los hombres... ¡Qué horror y qué asco! Todavía se me revuelve el estómago. No solamente sentía el dolor de lo que me había ocurrido, sino que además vivía con la culpa, la vergüenza y la idea nefasta sobre mí misma; ... y encima no sabía ni podía defenderme, entre otras cosas porque carecía de argumentos. Si mi abuela lo decía, y otros parecían corroborarlo, debía ser cierto.

Pero por fin había una persona, mi psicólogo, que me hablaba con coherencia, sin insultos, que me explicaba que yo era una niña cuando ocurrieron esas atrocidades y QUE YO NO TUVE NINGUNA CULPA. También me explicó que es normal que haya cosas que no consigo recordar, que es un recurso que tiene nuestro cerebro para poder sobrellevar o superar hechos extremadamente dolorosos o estresantes, y que no me preocupase. Todo esto supuso empezar a aliviar el peso de la enorme losa que arrastraba conmigo desde hacía tantos años, y me ayudó mucho a comenzar a mejorar mi autoestima y mi IMAGEN CORPORAL; ya no me sentía tan sucia ni tan horrible como persona.

Otra de las cosas que me mostró, que me costó bastante aprender, pero que fue determinante en mi resurrección, fue a PEDIR AYUDA. En realidad, lo importante es expresar lo que necesitas, sea ayuda, o lo que sea, pero esa "maestría en solicitar lo que necesito" la he ido/estoy adquiriendo con la práctica y el tiempo.

\* \* \*

Además de las horas de conversación, de hablar e ir sacando la ponzoña, me enseñó técnicas útiles para enfrentarme a "mi nueva vida" llena de retos, como:

- cómo hacer la compra y COMER SIN ANSIEDAD. Este sigue siendo todavía hoy mi caballo de batalla. A pesar de haber conseguido otros logros, como dejar de morderme las uñas y de fumar, y seguido otras terapias, la BULIMIA es lo más difícil y aún estoy en proceso de superarla. Conservo las instrucciones que me dio, que son muy útiles, pero que, siendo sincera, solamente he utilizado en parte.

- acostumbrarme a HACER LISTAS de las cosas que quisiera hacer, e ir tachando lo que fuera consiguiendo. De este modo ordenaba mis pensamientos, marcaba mis objetivos e iba viendo los progresos de forma palpable. A día de hoy sigo haciendo listas, y el método me funciona fenomenal.

- me ayudó mucho una técnica para BLOQUEAR PENSAMIENTOS NEGATIVOS, ansiosos, etc. y que uso a veces en la actualidad cuando son muy intensos y no funcionan otras cosas: cuando soy consciente de que me asalta una idea o pensamiento de ese tipo, me digo la palabra "STOP" una vez, e intento pensar en otra cosa completamente diferente, agradable o positiva. Si no lo consigo, me digo "stop" las veces que sea necesario, incluso de seguido, hasta bloquearlo.

- un METODO DE RESOLUCION DE PROBLEMAS/ toma de decisiones basado en escribir el problema, todas las posibles soluciones que se me ocurrieran en plan "Tormenta de ideas", las consecuencias a cada una de esas soluciones, puntuar del 1 al 5 cada solución y consecuencia, elegir la mejor y llevarla a cabo.
Ahora ya no me hace falta hacerlo así, pero al principio me fue muy útil ya que no tenía ningún sistema organizado que seguir; bueno, sí, hasta entonces tenía uno: mi "sistema" era el caótico, sobre todo porque no tenía ni referentes ni personas/modelos positivos que seguir. Ahora comenzaría con el ENSAYO-ERROR, que me llevaría bastante tiempo,

pero por algo se empieza. Y en ese momento también tenía una persona/modelo positiva que seguir. Más tarde iría cambiando los métodos...

Comencé el tratamiento/intervención bastante bien, pero como te comentaba era muy duro. Me ayudó también la medicación que me recetó el psiquiatra del centro: un antidepresivo.

* * *

En ese espacio de tiempo ocurrió algo que me hundió, como si me hubiesen apuñalado; mi abuela había ido de viaje a Francia, como otras muchas veces. Recibí una carta de mi tía, la mujer del hermano mayor de mi padre, en la que decía hablaba mal de mi madre, mis hermanas y de mí, y en la que decía en pocas palabras lo siguiente: el verano que yo visité Holanda, Canadá y EE. UU con mi abuela materna, mis tíos invitaron a mi hermana la segunda, que entonces tenía 16 años, a ir a su casa en Francia. Allí por lo visto hizo muy buenas migas con mi tío, que la llevó con él en un viaje corto y durante el mismo, en un hotel, intentó acostarse con ella. Joder, ¡hijo de puta! Y mi pobre hermana... Habían pasado dos años de eso y yo me enteraba así... Y encima mi tía escribía como si mi hermana hubiese tenido algo de culpa. Yo sabía que no, de ninguna manera. De hecho, pasado el tiempo pude hablar del suceso con ella y estaba destrozada.
¡Qué mierda de familia! ¿Cómo era posible que también ella hubiera tenido que pasar por algo así? No podía creerlo ni dejar de llorar. Tuve que acudir de urgencia a ver a mi psicólogo, que le pidió al psiquiatra que me recetase un ansiolítico ya que tenía una crisis de ansiedad. Me costó mucho superar ese bache y ya no he querido tener relación con mis tíos desde aquello.

* * *

Conseguí independizarme de mi abuela, gracias a que me contrataron en una academia de idiomas, unos amigos míos se fueron a vivir a Reino Unido, a su casero le pareció bien alquilarme el piso (un cuarto piso sin ascensor ni calefacción), me dejaron muchos muebles, a su gata siamesa "Nadja" y enseres. Yo no creo en las "casualidades" sino en las "causalidades", y aunque mi intención era mudarme poco a poco, tras una discusión con la vieja por ese tema y por el hecho de que fuera a llevar a mi hijo a la guardería, acabé haciendo la mudanza "a mano" con una amiga.

Mi primer DIA DE LA INDEPENDENCIA fue el día 14 DE OCTUBRE DE 1988. Yo tenía 20 años y mi hijo 15 meses. ¡Durante años lo celebré con tarta y todo!

\* \* \*

Durante los meses que fui a terapia llegó un momento que me estanqué, no avanzaba; opino que hubo un momento en que me daba miedo ir a más y me costaba mucho "pagar el precio emocional y vital" que debía poner de mí misma. Estaba "cómoda" y me sentía protegida.

Ocurrió algo que no esperaba, que marcó el resto de mi vida, para bien: acudí a la consulta y no me acuerdo exactamente de qué temas hablamos. Lo que sí recuerdo perfectamente es que me miró y me dijo que él no era una pastilla, y que yo tenía que poner de mi parte. Que no era solo cuestión de que fuera a la consulta a hablar, llorar o lo que fuese, sino que tenía que seguir la terapia al salir de allí. Me quedé en shock. Tenía razón totalmente. Me había dado las herramientas y ahora me tocaba independizarme, seguir el camino sola. Así hacemos los buenos padres con los hijos, educarles bien para que aprendan a vivir solos.
Me despedí de él, y salí de la consulta. Estaba muy angustiada y cuando dejé el centro, lloré amargamente por la calle mientras iba desapareciendo el "cordón umbilical" que me había unido a este profesional, pero sabía que era lo mejor. Este pájaro volaba del nido, de verdad.

\* \* \*

**Mi Resurrección dura desde entonces y es UN PROCESO: el de aprender lo que es la ASERTIVIDAD y a ser ASERTIVA, en lugar de pasiva o agresiva/violenta.**

**Aquel fantástico profesional fue el primero, pero no el último de los psicólogos/terapeutas que me han ayudado; de hecho, en la actualidad sigo con terapia. Soy yo la que hace el trabajo, pero las/los profesionales en salud mental me dan el soporte experto que necesito cuando "me pierdo".**

**Me siento muy Feliz y Orgullosa por ser capaz de pedir la ayuda**

que necesito cuando me es necesaria, y de haber encontrado a estos profesionales estupendos a lo largo de mi vida. Pero no siempre ha sido así.

Si empiezas una terapia y no te encuentras a gusto con la persona que te trata, CAMBIA hasta que aparezca. Otra cosa es que sea por capricho, no me refiero a eso. Lo que quiero decir, por ejemplo, es que, si tú eres bisexual, como yo, y tu terapeuta te dice que no eres tal, sino que lo que te pasa es que eres una inmadura y que aún no has decidido tu orientación sexual, ese profesional no es para ti. Busca otro más adecuado. No pasa nada por hacerlo. Yo me he encontrado en la tesitura de tener que cambiarlo y fue la mejor decisión que pude tomar. ¡Ánimo!

## 17. UN MUNDO FEMENINO

Una vez que mi padre desapareció de mi vida, a los 7, mi mundo se tornó casi exclusivamente femenino, con la excepción de las breves visitas del yayo Pepe. Convivía con mis tres hermanas, mi madre y mi abuela, acudía a un colegio de niñas en el que el claustro estaba formado por monjas o por profesoras mujeres. El único profesor hombre era el sacerdote, don Jacinto. Mis primas residían lejos, al norte de Francia, y también eran chicas, así que apenas tenía contacto con personas del otro sexo.

En el grupo scout había algún monitor chico, mucho mayor que yo, pero las compañeras eran todas niñas del colegio. Al menos los primeros años desde la fundación del mismo.

Mi conocimiento sobre el mundo masculino era muy limitado, por no decir nulo, y la información que recibía en el cole no era muy positiva porque, o bien implicaba mantenerse lejos, relacionarse después del matrimonio, o tener cuidado para no pecar... Aparte yo tenía mis propias vivencias, muy negativas algunas, como ya te he ido contando, y otras divertidas e inocentes como los "novios" fugaces que tuve con 6, 9 y 13 años.

Otras fuentes de información sobre chicos provenían de libros que leía (era una ávida lectora) y las películas o las series de la TV, por lo que tenía unas ideas muy poco reales, muy ñoñas, respecto de ellos y sobre las relaciones de pareja. Y, como ya sabes, los modelos que tenía en casa no eran los más adecuados para aprender...

Personal y egoístamente me vino muy bien que aún existiese el "servicio militar obligatorio" y que Zaragoza fuese una de las ciudades donde viniesen muchos jóvenes de otros sitios a hacer esta "mili" (teniendo en cuenta que si yo hubiese sido hombre me habría declarado objetor de conciencia). Con algunos de ellos pude ensayar el tema de los besos y otras prácticas sexuales que se podrían considerar "light", como ciertos tocamientos, aunque luego me sintiera fatal o culpable, pues las ideas religiosas que me inculcaban en el colegio me llegaban al fondo, de verdad; no pasaba de ellas, aunque me habría gustado: sinceramente, habría disfrutado más y habría sido mucho más feliz.

También me vino bien para ir aprendiendo y tomando conciencia sobre mí misma, la fuerza de mi sexualidad y su poder sobre los demás a todos los niveles, positivo y negativo. Desde muy niña supe y experimenté que mi sexto sentido era mi INTUICIÓN, pero en la adolescencia comencé el descubrimiento del que en la actualidad denomino mi SÉPTIMO SENTIDO: me di cuenta de que tengo una habilidad especial para "sentir" la sexualidad de las personas, aunque no tenga sexo con ellas. Esta es una definición muy vaga, pero, yendo un poco más al detalle, te puedo asegurar que soy capaz de percibir la energía sexual de la gente, entre otros aspectos.

Este sentido es extraordinario, curioso y me hace muy especial, al menos así lo veo yo. Lo difícil ha sido manejarlo a nivel social y personal, principalmente cuando empecé a ser consciente de ello, y máxime cuando me di cuenta de que era un "don" del que no parecían disponer el resto de los que me rodeaban. En aquella época no podía ni imaginar que dedicaría mi vida de adulta "madura" a usarlo de un modo positivo y global, sanador para mí y para otros.

No siempre ha sido fácil manejar esta facultad, todo lo contrario, sobre todo al principio. Es complicado de explicar, pero al comienzo tenía la impresión de que me gustaba todo el mundo, que me atraían sexualmente casi todas las personas con las que me relacionaba, y puede que de alguna manera fuese así, al menos unidireccionalmente por mi parte: si paso mucho tiempo cerca de alguien, la carga de energía sexual que me llega de esa persona es muy fuerte, lo que en aquellos tiempos interpretaba que era hacia mí, cuando no tenía por qué; eso me creaba un gran lío mental y cometí muchos fallos. Al menos tuve la valentía de tomar la iniciativa y pedirles salir a la mayoría de aquellos chicos en cuestión o decirles que sentía algo por ellos y que me dijeran que ellos "no"; así conseguí aprender con el método del ensayo/error, pero no pude evitar el sufrimiento emocional consiguiente. Eso me hizo bastante daño, pero aquel trabajo ha sido muy fructífero a la larga.

También ha habido muchas personas que se han sentido atraídas por mí, como es lógico, a veces con la misma intensidad o manera que yo, y otras no. Eso también es normal teniendo en cuenta que soy una persona muy intensa, apasionada, poco convencional y no siempre es fácil "seguir mi ritmo" o encajar en mi personalidad y forma de vivir. De todas formas, hay ocasiones en las que la energía sexual de algunas personas me perturba tanto que me llego a enamorar, aunque no quiera una relación emocional con esa persona. Me considero un ser humano privilegiado por tener una capacidad tan grande para el AMOR y el SEXO.

\* \* \*

Hay una historia vital que me sobrepasó y tuvo que ver con una mujer. De esta persona estuve muy enamorada. Era mi amiga, mi confidente, pero nada más. Jamás le dije que lo que sentía por ella era mucho más que amistad y eso que ella, cuando se enfadaba con alguno de sus ocasionales "novios", a veces me cogía del brazo, nos íbamos a dar un paseo y, mientras despotricaba sobre el "maromo" de turno, me decía: "Me voy a volver lesbiana". Yo me callaba, aunque pensaba en lo mucho que me habría gustado que se hubiese dado esa circunstancia... Hacíamos muchas cosas juntas, éramos inseparables. Nuestra amistad duró varios años, hasta que empezó a salir con un hombre que se debió dar cuenta de mi inclinación y amor por ella, así que se las ingenió para irnos separando y para que se rompiese la amistad entre nosotras por un tema que, dadas otras circunstancias, no habría tenido mayor trascendencia. Yo la amaba, pero no podía competir.

\* \* \*

Hay una persona con la que me gustaría poder sentarme algún día y hablar tranquilamente, sin prisas, ahora que ya dispongo de los recursos suficientes. Siempre quise ser su amiga, no su pareja, pero no sabía cómo comunicarme ni relacionarme con él.
Cuando el bancario que tenía mi abuela como huésped se marchó y ésta decidió, pasados unos meses, volver a tener otro inquilino, decidí comentárselo a este chico, al que conocía porque era monitor del grupo scout ya que sabía que estaba buscando un cuarto; estudiaba en la universidad y su familia vivía fuera. Al final le gustó y se quedó la habitación, por lo que nos veíamos a menudo, mucho más que antes. A mi abuela también le gustó el hecho de que nos conociésemos: mucho mejor que meter a un desconocido en su casa.

Yo en aquellos años seguía yendo con frecuencia a casa de mi abuela, aunque yo ya vivía en mi piso de alquiler, por lo que, si ella se tenía que ir de viaje, o salir, yo me encargaba de las tareas que tenían que ver con el huésped, en este caso mi amigo, y de los tres perros, la tortuga y el pájaro que tenía viviendo con ella en el piso.

Quería comunicarme con él, y sé que él conmigo también, pero yo no sabía cómo relacionarme con él. No quería nada sexual, ni salir con él, ni ser su pareja, aunque es cierto que me gustaba como persona, pero creo que él sí llegó a creerlo por algunos comentarios que hizo en ciertas ocasiones. Yo quería conocerle mejor porque me parecía inteligente e interesante, con buena conversación y porque era algo misterioso, al menos a mí me lo parecía. Pero cuando hablábamos me ponía nerviosa: se anteponían mis complejos, mi falta de habilidades sociales de entonces, las meteduras de pata que había acumulado que me tenían hecha un lío, y que, aunque él vivía en casa de mi abuela, solo podía ver la relación entre mi abuela y yo desde una posición superficial. Él opinaba que yo era una persona egoísta (me lo dijo directamente, y la franqueza me gusta); visto desde fuera yo estaba utilizando a mi abuela para cuidar de mi hijo, y de algún modo era cierto en aquella época.

Además, aquellos fueron los años en los que yo no tuve contacto con mi madre. La odiaba, como sabes, por intentar incapacitarme como madre y quitarme a mi hijo para darlo en adopción, así que cuando hablaba de ella la llamaba "Putifurcia"; mi amigo no lo aprobaba, aunque hablamos varias veces de las razones por las que lo hacía, y a mí hacerlo me liberaba de la rabia y odio contenidos hacia ella.

Había otros dos temas de los que hablábamos que nos distanciaban porque estábamos muy en desacuerdo: uno era que entonces estaba convencida de que no quería tener más hijos: adoraba al mío pero la maternidad en soledad, la responsabilidad, los problemas que tenía, me hacían asegurar que no sería madre de nuevo, con vehemencia.
El otro era el concepto que tenía en aquella época sobre las relaciones de pareja y algunos aspectos de los hombres. Defendía a capa y espada, por ejemplo, que antes que un tío me dejara, le dejaba yo. Tenía un "falso orgullo" exacerbado. En realidad, era, de nuevo, mucha ira y rabia reprimidos por mi situación personal, por no saber relacionarme con los hombres, por querer tener una sexualidad sana y no saber o poder, y un montón de cosas más... Así que lo expresaba escupiendo "sapos y culebras" contra los tíos y espantándolos en la mayor parte de los casos. Así que mi amigo acabó llamándome "Mantis Religiosa", por el hecho de que la hembra mata y se come la cabeza del macho tras copular. Y entonces he de admitir que tenía bastante razón.

Había momentos muy tensos para mí, como, por ejemplo, cuando estábamos solos viendo la TV en el comedor, en que podía transcurrir rato y rato, que se me hacía eterno, en silencio, mirando la pantalla del televisor, y yo por dentro gritaba que quería ser amiga suya y que quería hablar, pero no sabía cómo ni de qué. Alguna vez vencía mi timidez, sacaba algún tema y nos reíamos, como cuando me intentaba explicar cómo pronuncian "morcilla" los asturianos y yo intentaba imitarle... Un desastre, pero divertido.

Conoció una Sue que no era real: una parte de mí que desconocía cómo era el mundo masculino, aunque deseaba aprender cómo relacionarse con ellos de un modo natural y normal. Una Sue enferma mentalmente, amargada, inmersa en un proceso evolutivo y muy perdida. Tenía algo de razón para opinar lo que pensaba sobre mí entonces, pero le faltaba mucha información y lo que veía, o creía que vivía, era una fachada. Por eso me encantaría poder conversar hoy, que me he liberado y soy la Sue auténtica, contarle todas estas cosas y, si acaso, conocerle mejor, si le apeteciese.

* * *

**No hago más que escuchar a la gente hablar y despotricar contra el "Patriarcado", pero yo viví un "Matriarcado", un mundo femenino, que no tiene mucho menos de opresor, agresor, violento... Me molestan muchísimo este tipo de simplificaciones. Mi posición es la de EQUIDAD DE GÉNERO.**

**Considero que hay que utilizar un lenguaje más equilibrado, justo y Asertivo. No creo que la mayor parte de los males del mundo se deban solo al Patriarcado y/o al Matriarcado, sino que también las personas tenemos mucho que ver, a nivel individual, cada uno/a con nuestras circunstancias, edad, etc. Pero claro, es más fácil echar balones fuera...**

**Hasta ahora he hablado bastante sobre la violencia que han ejercido sobre mí y las consecuencias que tuvo sobre mi existencia y personalidad, pero, una vez comencé a ser consciente de todo ello, la responsabilidad sobre qué hacer con esa violencia fue mía. Y por eso DECIDÍ SONREÍR y buscar mi felicidad.**

**Con ayuda, comencé a tomar decisiones muy importantes como, por ejemplo, salirme de mi "zona de confort" para DEJAR DE SER Y SENTIRME UNA VÍCTIMA. A partir de ahí la percepción sobre mí misma y mi futuro cambiaron a POSITIVO y más OPTIMISTA, aunque tuviese miedos y demás.**
<u>**Es importante ser conscientes de las situaciones,**</u> **pero quedarse ahí, haciendo poco o nada al respecto, y/o echando la culpa a lo**

externo a ti, NO es la solución. Quejarse y lamentarse sin pasar a la acción, no vale más que para aumentar tu negatividad, frustrarte más y hundirte.

He escuchado y leído muchos comentarios de personas que se quejan por todos los mensajes y gente que hablamos en positivo y en parte tienen razón: está claro que todos tenemos derecho a nuestro sentir dolor, mala uva temporal por malas relaciones, comunicación, acontecimientos y demás. Estoy de acuerdo en que es sano sacarlo hacia fuera, hablar de ello, enfadarse, pasar el duelo, según de lo que se trate, pero de ahí al victimismo, a vivir regodeados en nuestra mierda o la de los demás, ahí no concuerdo en absoluto.

Date un <u>tiempo moderado</u> para soltar esa energía negativa, a despotricar (sin hacer daño), pero una vez hecho, ¡ya vale!

Según lo que he ido aprendiendo y con la experiencia, si quieres salir adelante y ser feliz, has de cambiar tú primero y tu vida/entorno irán cambiando, así como tu percepción de los mismos, te lo aseguro. Y lo que te acabo de decir vale para cualquier ámbito de la vida: tu salud mental, tu sexualidad, tu pareja, tu familia, tus amigos, tu trabajo, tú lo que quieras... ¡Tú eres el motor del cambio!

¿Tienes miedo? ¿Te sientes solo/a? ¿Necesitas ayuda? ¿No lo crees posible? ¿Te sobrepasa esta idea? ¿No te crees capaz? ¿Más cosas que te agobian...?

Todas estas cuestiones son completamente normales y humanas, sobre todo si vives situaciones difíciles e incluso límite; no existe la perfección y somos seres humanos, no máquinas.

No te voy a mentir: NO ES FÁCIL, y requiere de trabajo personal. Pero hay que ir POCO A POCO, de lo que te resulte más sencillo e ir avanzando. Si te planteas el cambio fijándote en el final se te hace un mundo imposible de conseguir.

Y una buena noticia: ¡NO TIENES QUE HACERLO TÚ SOLA/O!

Así que el 1º PASO para el cambio será: HABLA DE LO QUE TE OCURRE con alguien de confianza que consideres que tiene una actitud positiva y que no te va a juzgar (como puede que hagas tú contigo). Si no tienes a nadie así cerca, no importa, PIDE AYUDA PROFESIONAL: habla con tu médico de familia, u otro profesional, y cuéntale lo que necesitas y que te derive al servicio de salud mental correspondiente. Y otra cosa: ¡No estás loco/a por recibir este tipo de ayuda! Pensar eso es un prejuicio. Sin embargo, si comienzas terapia estás saliendo ya de tu zona de confort y provocando el cambio... ¡Eso es de valientes, no de locos! Y si no te gusta el que te corresponde (porque no te sientas bien, no por capricho o porque te diga las verdades que cuesta asimilar), ¡que te asignen otra persona!

También puedes contar conmigo, y con otras muchas personas dispuestas a caminar contigo y darte SOPORTE POSITIVO. <u>Huye de las personas y colectivos que solo te hablen de lo mal y oprimido que estás, porque no te ayudarán más que a seguir como estás, o a ir a peor.</u>

Tú eres libre de hacer lo que quieras, pero estas son mis sugerencias si quieres evolucionar tal como yo lo he hecho y cómo continúo haciendo.

En el próximo capítulo te cuento algunas de las ayudas (innumerables) que he ido recibiendo a lo largo del camino.

## 18. IMPACTOS

Este va a ser un capítulo de agradecimientos particulares, de crónicas de sucesos que para mí fueron impactantes porque me ayudaron, sobre todo al inicio de mi Resurrección, que es cuando más me hacía falta, sin solicitarlo. Las personas que participaron en lo que te voy a contar no tienen precio para mí y siempre tendrán un lugar muy especial en mi corazón, pase lo que pase... Porque la vida da muchas vueltas... ¡te lo dice una especialista en cambios!

Si conseguí aprobar la Selectividad, aparte de estudiando, fue gracias a una pareja de amigos, que llevaban el grupo previo a comunidades neo-catecumenales, del que te hablé en un capítulo anterior.

En casa (daba igual que fuera la de mi madre o la de mi abuela), no podía estudiar por el ruido y porque no me era posible concentrarme con los problemas y las broncas. Mi amiga, que era de Logroño, estudiaba medicina y vivía sola en un piso que le financiaban sus padres, me propuso quedarme en su casa el tiempo necesario hasta que me examinase y así poder "empollar" tranquila. Se lo comenté a mi madre y a mi abuela, ¡que estuvieron de acuerdo!, por lo que me mudé aquellos días con ella y su novio, que venía muy a menudo.

Como estaba hecha polvo, y me costaba mucho centrarme, me motivaron prometiéndome que, si aprobaba a la primera, me invitaban a cenar y a salir por ahí una noche. Y, ¡aprobé! Así que logré esa cena estupenda con espárragos trigueros a la plancha y café irlandés de postre, que me encantaba, y me terminé tomando dos. Cuando me fui a levantar... todo me daba vueltas, pero estaba muy contenta. Finalmente nos fuimos a una discoteca y nos lo pasamos fenomenal. Pero tengo muy claro que, si hubiese estado sola, sin su ayuda y apoyo, no lo habría logrado.
También fueron ellos los que me sugirieron que la carrera de Turismo era una buena opción para mí, teniendo en cuenta mi forma de ser y el tema de los idiomas. Yo no quería hacer Magisterio de ninguna manera.

\* \* \*

Cuando fui consciente de que estaba embarazada, de unos cinco meses, ya estaba en el segundo cuatrimestre de 1º de Turismo. El curso me iba muy bien, me llevaba genial con los compañeros, era la delegada de clase y tenía muy buena fama en el centro. Eran las pocas horas del día en que me sentía bien, en mi salsa. Estudiaba lo que me dejaban, en casa (la que fuera), o en la biblioteca de la Escuela.

El primero en saber que estaba esperando un bebé fue un chico de clase que me gustaba mucho, pero que era bastante peligroso porque consumía sustancias tóxicas no recomendables, con el que salía por ahí de vez en cuando y al que iba a su casa "a estudiar". Una mañana, en su cuarto, comenzamos a besarnos, la cosa se empezó a calentarse más de la cuenta, así que tuve que parar y contarle la situación. ¡Al pobre casi le da un infarto! Pero aun así seguimos siendo amigos y tanto él como su hermano, que iba con nosotros a clase, mantuvieron el secreto.

Aparte de ellos solamente le revelé el misterio a dos compañeras que además eran amigas, haciéndoles prometer que no se lo dirían a nadie, porque no quería que mi embarazo influyese en mi vida universitaria. Así nos plantamos en los exámenes finales y en la fiesta posterior que organizaba y pagaba la Escuela de Turismo para celebrar el fin de curso, o sea junio. El evento consistió en una cena para los tres cursos, junto con el personal docente y no docente, y un baile posterior en una zona aledaña del mismo sitio donde se servía la misma.

Entonces ya estaba ya de ocho meses, pero como llevaba ropa holgada no se me notaba demasiado. Quedé con unos cuantos "compis" en la entrada del local, y cuando accedimos al mismo, los sitios no estaban asignados. Me fueron empujando y nos colocamos en el mismo corazón del comedor, organizado para unos 400 comensales aproximadamente. Además, no sé cómo, pero acabé sentada en el centro de uno de los laterales de la mesa rectangular, preparada para unas veinte personas o así, aunque en clase éramos 90, así que estábamos repartidos entre varias.
De repente, una vez habíamos empezado a cenar, más o menos por el segundo plato, mis compañeros comenzaron a levantarse de las mesas, y poco a poco se acercaban a mí, me daban besos y la enhorabuena. Mis amigas, antes de la fiesta, les habían contado lo de mi estado de buena esperanza, y venían a felicitarme. Uno de ellos me hizo reír porque me confesó que había pensado que estaba engordando a base de bocatas de chorizo... Pero aquello no fue todo: rompieron a cantarme lo de "es una chica excelente..." y otras canciones, jaleándome, tirándome besos... la gente del comedor miraba extrañada porque no sabía lo que pasaba, ni por qué venían a mí a besarme

y demás. De hecho, la profesora de Economía, con quien me encontré en el pasillo del aseo, me preguntó: "¿Es tu cumpleaños?". Y yo le respondí sonriendo: "No", por lo que se debió quedar más alucinada todavía.

Cuando llegó el postre, me dieron un sobre con un montón de dinero que habían juntado entre todos, ya que sabían de mi situación económica, y me dijeron que era un regalo de "los Titos", así que me puse a llorar como una magdalena de la emoción.
Como remate llegó el baile y todos los chicos quisieron bailar conmigo, pero esta vez fue diferente: no hubo ninguna apuesta. Todos querían hacerlo de verdad. Fue genial y divertido porque con la cacho tripa que tenía del embarazo era difícil acercarse. A ellos les encantó, de todos modos; y a mí también.
Aquella noche fue muy especial por muchos motivos, y jamás olvidaré a mis compañeros de 1º de Turismo, los cuales formamos un grupo excepcional de personas.

*** 

Come te conté al inicio de esta segunda parte del libro, cuando mi hijo tenía un año, en julio de 1987, yo ya había comenzado mis visitas a psicólogo y tenía una auténtica revolución interna que provocaba cambios a nivel externo, como es lógico. Cuanto más tiempo pasaba, tenía más claro que necesitaba irme de casa de mi abuela. Mi idea era mantener la relación con ella, pero en plan "cada uno en su casa y Dios en la de todos", como dice el refrán. No sabía cómo iba a conseguirlo ya que solamente tenía un trabajillo como monitora del comedor en el colegio donde había estudiado, y si buscaba otro trabajo, necesitaba guardería (ya tenía la plaza para octubre de ese año) y quien cuidase de mi pequeño. Además, quería retomar mis estudios de Turismo que había dejado aparcados durante un año para cuidar de mi bebé. Me había propuesto terminar la carrera, sí o sí, aunque me costase más tiempo.

Se lo comenté a una pareja de amigos míos, del grupo de la academia de idiomas, y me explicaron que ellos se iban a ir a vivir Reino Unido definitivamente en los meses siguientes, y que no se podían llevar todos los muebles y enseres, así como a Nadja, la gata siamesa, así que, si conseguía encontrar un trabajo "decente", hablarían con el arrendador para ver si me alquilaba a mí el piso, que tenía una renta muy baja al ser un 4º piso, antiguo, última planta, sin ascensor ni calefacción.

Me puse a buscar trabajo como loca y conseguí que me contrataran de profesora de inglés, y de español para extranjeros, en una academia, con un sueldo que me permitiría pagar el alquiler, la guardería (conseguí una beca), las mensualidades de 2º de Turismo y los gastos, muy justito todo, pero me llegaba. Mis amigos me presentaron al casero, negociaron con él el tema del cambio y le pareció bien a pesar de mi juventud. El hecho de tener "padrinos", trabajo, un hijo y que además estudiase, imagino que le daría buena espina, aunque fuese madre soltera.

El piso constaba de 45 m$^2$ en total y estaba bastante bien a pesar de ser muy antiguo y de las carencias. Pasábamos muchísimo frío en invierno porque no tenía calefacción, y me costaba mucho esfuerzo mantenernos a mi hijo y a mí en aquella casa, pero fui muy feliz allí durante los 7 años que estuvimos en ella.
Gracias a mis amigos tuve la oportunidad de salir del terror del piso de mi abuela, de rescatar a mi hijo y de salir adelante.

\* \* \*

Pasados unos meses, una amigas y compañera de trabajo de mi madre (seguía sin hablarme con ella), me llamó por teléfono para comentarme que tenía dos alumnas que estaban en apuros, que si las podía acoger en mi casa unos días hasta que encontrasen piso para ellas y sus hermanos. Acepté y estuvimos juntas bastante tiempo hasta que, efectivamente, encontraron una vivienda cerca de la mía, donde se instalaron.

Cuando se mudaron continuaron recogiendo a mi hijo de la guardería y cuidándolo un tiempo. Eran unas auténticas luchadoras y trabajaron muy duro para conseguir sus objetivos. Me hice bastante amiga de una de ellas, con la que mantuve el contacto durante unos años (y con el resto también, pero menos), y lo cierto es que desconozco el motivo por el que dejamos de relacionarnos y por qué la que era más amiga mía terminó de hablarme. Me gustaría poder aclararlo algún día.

\* \* \*

Cuando me matriculé de 2º de Turismo no podía acudir a clase así que, para sacar las asignaturas, lo que hacía era ir de vez en cuando a la Escuela, pedirle los apuntes a alguien que sabía que los tenía bien, fotocopiarlos y devolvérselos esa misma tarde. Me preparaba los temas en casa, después del trabajo, cuando mi hijo dormía o me dejaba; los problemas de matemáticas financieras, economía o contabilidad los sacaba por deducción o lógica, mirando los ejercicios resueltos. Si no lo conseguía así, esa rara vez, iba a secretaría a preguntarle la duda concreta al profesor correspondiente. De este modo logré aprobar todo ese curso excepto tres asignaturas.

La matrícula de esas tres materias era 12.000 pesetas y no las tenía. Mi situación económica había empeorado así que decidí hacer de tripas corazón y pedirle prestado ese dinero concreto a mi padre para poder continuar estudiando.
Su respuesta fue negativa y la razón que me dio fue que ya no me hablaba con mi abuela, aunque le había explicado que era, sobre todo, por falta de respeto y por mi hijo, así que me planteé dejar la carrera ya que no encontraba otra solución.

Se lo comenté a una de mis amigas, que también era monitora del grupo scout ASPE, que me dijo que no podía ser que abandonara, con lo que había adelantado ya, y le expliqué que no tenía otra salida. Sin que yo lo supiera, se puso de acuerdo con los demás monitores y reunieron el dinero necesario para que pudiera continuar mis estudios. Fue un gesto increíble que jamás olvidaré. Les prometí que se lo devolvería y en cuanto me sea posible lo haré, con intereses. Puede que este libro me lo permita; sería maravilloso.
Aquel año me dediqué exclusivamente a esas tres asignaturas para finiquitar el segundo curso, y las aprobé.

Ahora tocaba la matrícula en el 3º y último curso, pero con lo que ganaba como profesora dando clases, teniendo que pagar el alquiler y manteniendo a un hijo, me iba a ser imposible poder pagar las cuotas mensuales y no tenía derecho a beca, así que, con todo el dolor de mi corazón, me dirigí a la secretaría del centro y me dispuse a hablar con A, que era entonces director de la Escuela, para decirle, muy nerviosa, que no podía continuar debido a los motivos que te acabo de contar. Me miró muy serio y me dijo que no tenía que pagar nada. Le hice repetir lo que acababa de escuchar porque no me lo creía, pero era cierto. Él sabía que no iba a clase, que estudiaba desde casa y todo lo demás. Me eché a llorar de los nervios y la emoción. Aprobé todas las asignaturas en ese mismo año, así que acabé todo en 1992, con mucho esfuerzo, estudio y la ayuda inestimable de mis compañeros scouts y de la Escuela de Turismo. Sin ellos me habría resultado totalmente imposible terminar la carrera.

\* \* \*

También quiero hacer una mención especial y agradecer la escucha y el apoyo emocional que recibí por parte de los centros de tiempo libre a los que acudieron mis hijos en Zaragoza: Cantalobos y Gusantina. Sobre todo, de este último donde, además de ser voluntaria haciendo alguna traducción, participé en actividades como aerobic o peluquería y además me permitieron usar el local para dar un curso de "Técnicas de Relajación" cuando fui la presidenta de los estudiantes de Psicología de Zaragoza. Cuando me vine a Madrid me hicieron una despedida con unos collages fantásticos y muy emotivos.

\* \* \*

Cuando mis dos hijos mayores aún eran pequeños y yo me encontraba en el desempleo, apenas tenía recursos económicos una vez que se me acabaron las prestaciones del INEM así que solicité el Salario Mínimo de Inserción porque éramos tan pobres en aquella época que nos encontrábamos en riesgo de exclusión social. Apenas teníamos para subsistir y me apunté a una lista de la Cruz Roja, a la que tenías acceso cumpliendo ciertos requisitos, por la que me llamaban cada cierto tiempo para que acudiese, con el carro de la compra y bolsas, a una dirección determinada, que era como una especie de Banco de Alimentos. Allí hacíamos cola y nos daban un montón de alimentos básicos como arroz, pasta, leche en polvo, aceite, etc.

En el momento que tuve trabajo y me lo pude permitir, me hice socia de Cruz Roja, y lo seguiré siendo mientras pueda.

\* \* \*

Hubo otra pareja de amigos que también me apoyó y ayudó mucho. Tras una de las celebraciones de cumpleaños de mi hijo mayor, cuando era pequeño, mi amigo, que además era su padrino, me dio un sobre con una cantidad grande de dinero cuando se marchaban y me dijo que me llamaba más tarde. Así lo hizo y me propusieron colaborar con ellos en un negocio de venta directa. El monto del sobre era la inversión inicial que necesitaba para empezar. Acepté y lo intenté un tiempo, pero lo mío no es la venta, aunque tengo otras dotes comerciales. Por otro lado, no tenía los contactos, ni la libertad (por el niño),

y ese trabajo no me motivaba, aunque sí los seminarios que se hacían; por otro lado, tuve la oportunidad de conocer gente estupenda.
Siempre les agradeceré que hicieran lo posible por ayudarme en este aspecto, y en otros, aunque yo no me moviese como creo que ellos esperaban. Esta pareja siempre estuvo ahí, la verdad, para lo bueno y lo malo. Ellos y sus familias.

\* \* \*

Otro servicio que utilicé en Zaragoza para intentar encontrar trabajo y mejorar mi situación personal y laboral fue a través de la Fundación Cultura y Empresa de la CEPYME. Ellos me apoyaron e intentaron ayudar también en aquellos momentos de pobreza, y durante dos Navidades seguidas me enviaron a casa un "aguinaldo" consistente en dos cajas bastante grandes con productos de aseo como champú, gel de ducha y alimentos de primera necesidad que incluían latas, arroz, pasta, etc. E incluso algún dulce navideño. Acompañaba a la caja un sobre con tarjetas firmadas de personas de la Fundación y de CEPYME. Nos hicieron muy felices aquellas fiestas con aquellos regalos.

Hay otras muchas instituciones y personas que me han ayudado: al final de este libro puedes encontrar un apartado de "Agradecimientos" que puedes leer, si te apetece.

\* \* \*

**Me da mucha rabia cuando la gente se queja y dice que no le dan nada, pero es que ¡hay que moverse! He hecho muchas colas, esperado horas en muchos sitios, me han hecho muchas entrevistas en las que he tenido que repetir lo mismo una y otra vez, fotocopias, tragarme el orgullo y la vergüenza, pero el que algo quiere, algo le cuesta. Y te aseguro que hay mucho bueno y mucha gente buena por ahí, y recursos, pero lo malo se ve más, es más escandaloso y es lo "que vende". Y de verdad, te lo digo POR EXPERIENCIA.**

**Yo no creo en las casualidades sino en las CAUSALIDADES. Todo lo que he vivido me ha convertido en quien soy hoy, en quien te**

escribe ahora. Una mujer increíble, que se ha hecho a sí misma, con la colaboración y ayuda que te he relatado en este capítulo.

Una de las cosas que no se nos enseñan y que suele costar más, es PEDIR AYUDA. Existe un mundo ahí fuera esperándote, deseoso de aportar bondades y beneficios a tu vida. ¡Atrévete y pide! El no ya lo tienes, ¡ve a por el SI! ¿Qué tienes que perder? Seguro que tienes mucho más que ganar, no lo dudes.

Es difícil avanzar escondidos detrás de nuestros muros visibles o invisibles de protección. Somos seres SOCIALES. Y compartir, sonreír con otros es muy gratificante. En este aspecto yo me tengo que esforzar bastante porque tiendo a meterme en mí misma, pero, en cuanto me doy cuenta de que lo estoy haciendo, me pongo manos a la obra para salir de mi caparazón al mundo.

No quiero que se pierdan esas cosas, los acontecimientos que me han ayudado a ser quien soy, tanto buenos como malos, y mi intención es transformar lo negativo en algo útil, "positivizar" el sufrimiento y la violencia que viví.
ME NIEGO A SER Y SENTIRME UNA VÍCTIMA. Eso pertenece al pasado.

Para ello te escribo este libro A TI, y si te sirve de algo... ¡objetivo cumplido! Si no, al menos espero entretenerte y que pases un rato ameno.

¿Qué te parece mi idea? ¿Crees que lo estoy consiguiendo?

## 19. UN REGALO ANTI-FRUSTRACIÓN

En la primera parte te expliqué cómo llegué a odiar a mi madre con todas mis fuerzas por pensar que el abandono de mi padre era culpa suya, por no acceder al amor que pensaba que no recibía de su parte, por dejar que mi abuela me/nos maltratara, por querer inhabilitarme a mí como madre, pero, sobre todo, por intentar arrebatarme a mi hijo, la razón de mi existencia, para darlo en adopción.

La detestaba, y cuando hablaba sobre ella, de mi boca salían de todo menos palabras bonitas. Y encima estaba su pareja, un hombre al que ella amaba, pero que vivía a su costa, y que había conseguido, poco a poco, deshacerse de todas nosotras, sus hijas. Mis hermanas segunda y tercera se fueron a Israel, con mi padre, para intentar comenzar nuevas vidas, y la cuarta estaba, pero como si no.

\* \* \*

Cuando mi primogénito cumplió cinco años, mi abuela materna, que era enfermera de profesión y vivía en Canadá, ya sabía que tenía un cáncer fulminante de hígado. Nos lo había dicho a todos e incluso me llamó por teléfono en una ocasión para "despedirse". Gracias a mi tía Gera, supe que mi abuela había conseguido que ella y mi madre viajasen para reunirse con su madre, para pasar las tres juntas unos días, repartir sus cosas (porque no tenía propiedades inmobiliarias) y que eso la había reconfortado mucho: poder pasar tiempo de calidad con sus dos hijas antes de irse de este mundo. Así que murió en paz y feliz.

El día 1 de septiembre de 1992, recibí una llamada de teléfono en casa de mi abuela, donde estaba pasando un rato con mi hijo. Era mi madre. Me llamaba llorando para informarme que su madre había fallecido. En aquel instante solo puse pensar en que ella estaba hecha polvo y que necesitaba, al menos, un abrazo de consuelo. No vinieron a mi mente los motivos por los que, supuestamente, la odiaba, ni los cinco años que llevábamos sin mediar una palabra entre nosotras, sino que era una persona destrozada por el dolor.

Así que le propuse quedar al día siguiente, que daba la "casualidad" que era su cumpleaños, en una cafetería que había en los bajos del edificio donde trabajaba, y pensaba llevar además a su nieto para que le conociera.

El encuentro fue bastante tenso, pero nos dimos un abrazo, poco efusivo, y le presenté a mi hijo. Hablamos un rato sobre mi abuela fallecida, le pregunté que cómo se encontraba ella, que lógicamente no muy bien, y nos contamos cómo eran nuestras vidas en esa época, un poco por encima.
Decidimos que seguiríamos quedando, de vez en cuando, para tomar un café, y nos despedimos. Habíamos roto el hielo.

A mi abuela no le hizo ninguna gracia, pero, como le expliqué, nos veríamos de vez en cuando. Yo no estaba por la labor de mucho acercamiento porque los motivos que me habían llevado a romper mi relación con mi madre seguían siendo los mismos.

Efectivamente, nos fuimos citando en sitios totalmente neutros y hablando sin profundizar demasiado, pero, aun así, me comentó que la relación con su pareja no iba bien, que se estaba volviendo cada vez más celoso y posesivo con ella, que quería que pasasen más tiempo juntos y para eso mi madre tendría que haber dedicado menos horas al curro, pero que él no trabajaba ni hacía por encontrar una ocupación, que en casa tampoco la ayudaba apenas, etc. Lo que la frenaba para separarse de él era que, si lo hacía, perdería su casita de campo en el pueblo de Torrubia y el coche, que era en lo que ella había invertido todos los ahorros de su vida laboral. No sé cómo había conseguido que ella pusiese sus pertenencias a nombre de él o cómo lo tenían organizado, pero, por lo visto, era así, y usaba esto para amarrarla a su lado. Mi madre no nos tenía ahora como excusa. El problema era su relación con él, y lo veía claro, pero se sentía atrapada y él se aprovechaba de la situación.

Llegó la Navidad y no la pasé con ella, sino con mi abuela, pero el 28 de diciembre, día de los Santos Inocentes, no me acuerdo con mucho detalle cómo sucedió, pero invité mi madre a comer a mi piso, en el que aún no había estado, y me explicó que algo había pasado con su pareja, que ya había superado su límite, y que había decidido separarse: que no le importaba perder sus cosas materiales, que no aguantaba más, que ya no le amaba, y que si la dejaba alojarse en mi casa

dos o tres días hasta que encontrase un piso de alquiler para separarse de él.
Le respondí que por supuesto que sí, y aquella misma noche se quedó a dormir en mi piso, con su nieto y conmigo. En la calle se quedó su coche cargado con parte de sus cosas.

A los pocos días encontró una vivienda y la ayudé a hacer la mudanza.

\* \* \*

Por otro lado, recibí una carta de mi abuela en el buzón en el que, muerta de celos, me decía, básicamente, que me fuera a la mierda por lo de haber acogido a mi madre en mi casa, que yo le había comentado que solo nos íbamos a ver de vez en cuando y que había incumplido mi palabra. Que ella se había desvivido por mi hijo y por mí y que no había sido capaz de invitarla siquiera a comer con nosotros el día 28.
La llamé por teléfono y le dije, con un tono serio y bien claro, que era la última vez que me perdía el respeto y me mandaba a la mierda. Que no la había invitado a venir a mi casa ese día porque la situación no lo aconsejaba; que bastante difícil era ya para mí tener a mi madre conmigo como para añadir más tensión y que si no lo entendía, era su problema. También le expliqué que estaba harta de que me restregase lo mucho que había hecho por nosotros y que se lo agradecía enormemente, pero que se lo había pagado con creces, y que ni mi hijo ni yo estábamos en venta. Y mientras hablábamos me dijo: "¡vete a tomar por culo!". Y me colgó dejándome con la palabra en la boca.
ESE FUE EL ULTIMO CONTACTO QUE HE TENIDO CON MI ABUELA EN MI VIDA, aunque intentó acercarse en varias ocasiones, pero no la dejé.

\* \* \*

**Por fin conseguí terminar la relación con ella, aunque he tenido que enfrentarme a muchas personas por esta decisión. Es muy fácil juzgar, hablar, acusar y demás cuando sólo dispones de parte de la información. Para muchos, ella es una "pobre mujer mayor" que está sola y que ha hecho muchísimo por mí. Si está sola es porque se lo ha ganado, y ya te he contado parte de lo que hizo por mí: pero estoy a punto de desvelarte algunos secretos sobre esas "bondades" suyas.**
**No deseo que sufra, pero el día que se muera, yo podré descansar tranquila: dejará de hacer daño y no tendré que estar alerta, pensando en proteger a los míos y a mí misma. Aunque no lo creas,**

aunque haga tantos años que ya no tengo contacto con ella, ahí donde está, en la residencia, sigue escupiendo veneno en cuanto puede, y yo no me puedo relajar.

\* \* \*

Estos giros radicales en las vidas tanto de madre como de la mía propia, y que fuésemos independientes la una de la otra, hicieron que la tensión se redujese bastante, que cada vez nos aventurásemos a hablar de temas más profundos y a abrirnos más, aunque persistiesen muchos muros y protecciones por parte de las dos, como es lógico. Comenzamos a visitar nuestras respectivas casas con más asiduidad y, en una de estas, mi madre me propuso un "trato" tal como lo expresó ella: una especie de borrón y cuenta nueva, o sea, intentar obviar el pasado y comenzar a construir nuestra relación desde ese presente, con elementos positivos, aunque saliese mucha porquería, como cosas que nos estábamos contando y descubriendo sobre mi abuela, y otros que desconocíamos que nos estaban ayudando a colocar las piezas de nuestros puzzles vitales, de manera correcta. Entonces fue cuando le expliqué a mi madre que había algo que no era capaz de perdonarle, que me mantenía lejos de ella: que hubiese querido inhabilitarme como madre y que me quisiera arrebatar al niño al nacer para darlo en adopción. Se quedó perpleja y me dijo que lo de la inhabilitación era mentira y que lo de querer quitarme el niño también; que ella de verdad pensaba que era un "suicidio" llevar adelante mi embarazo, en mis circunstancias, y que por eso me dijo que lo mejor que podía hacer era abortar, pero que ya me lo había dicho por teléfono. !!!PERO TODO LO DEMÁS FUE UN INVENTO DE MI ABUELA!!!
Las dos nos echamos a llorar desconsoladamente, de rabia e impotencia. ¿Cómo se puede ser tan mala persona, tan sádica, tan inhumana? ¡¡Tantos años separadas, mi hijo sin su abuela materna, tanto sufrimiento por la acción voluntaria de un ser malvado y perverso!! Lo que está claro es que la bruja esa no esperaba que la vida se le volviese en contra de esa forma, que el amor triunfase (aunque suene peliculero es así) y que sus mentiras saldrían a la luz, a pesar de los años, porque las dos llegaríamos a un nivel de complicidad idóneo para ello.

\* \* \*

**A partir de ahí las dos bajamos los muros, quitamos nuestras protecciones y nos fuimos acercando cada vez más, hablando, contándonos lo que pensábamos de manera asertiva, a veces descar-**

nada, cruda, pero sin hacernos daño, o el menor posible, dependiendo de las circunstancias. Creamos una relación que podríamos llamar más de amistad que materno-filial, aunque esta última también estuviese implícita.

\* \* \*

Transcurrido cierto tiempo, cuando yo contaba 26 años, mi madre sabía que estaba con alguien y no le hizo ninguna gracia saber que ese "alguien" era musulmán, pero me respetó e incluso llegó a venir a casa un día para conocerle, aunque él y yo no viviésemos juntos exactamente.
Cuando una tarde, en su casa, probándome una blusa, le dije que estaba embarazada, se disgustó mucho, pero le dije que era un bebé muy deseado, y que en esta ocasión quería que participase de todo lo que tenía que ver con la gestación, la preparación de la llegada al mundo de la criatura y demás; que mi intención era que ella fuera una parte activa de todo el proceso ya que con el primero no pudo ser.

En otro capítulo te explicaré con más detalle cómo sucedió todo, pero considero importante revelarte parte de la historia.

Al principio de enterarse de mi estado le costó, pero, sobre todo, cuando el padre de la criatura me abandonó y me vi planteándome la maternidad en solitario de nuevo, el asunto cambió bastante.

Yo creo que el momento clave del cambio de mi madre fue cuando la llevé conmigo a hacerme una ecografía, embarazada de cinco meses, y ella se trajo la cámara de vídeo para grabarla, si nos dejaba el ecógrafo. Mientras esperábamos, conversábamos sobre los posibles nombres para el bebé, según el sexo que tuviera, si se dejaba ver, y le comenté que quería saber qué nombres le gustaban a ella. Yo quería nombres que pudiese pronunciar toda nuestra familia, que no fuesen demasiado comunes, ni que tampoco se pasasen de extravagantes. Así que fue en esa espera donde decidimos cómo se llamaría su futuro nieto: el nombre compuesto que eligió si era niño me encantó y yo elegí el nombre de niña.
El profesional fue súper amable y le permitió grabar la ecografía con la cámara. Para las dos fue algo muy especial, ver a mi bebé moverse, a su nieto como un ser real, con vida, escuchar su corazón galopando... El ecógrafo nos fue explicando muchos detalles y nos desveló que... ¡ERA UN CHICO! Se emocionó, nos emocionamos. Así que como se

trataba de un niño se llamaría con los nombres que le gustaron a su abuela.

No sé si fue por solo esto, porque ya había desaparecido la tensión que había existido entre nosotras o por qué, pero mi madre empezó a cambiar de una manera espectacular. En general seguía siendo la misma, pero por primera vez en la vida la veía expresar el cariño de una manera natural, no forzada. De hecho, siempre recordaré el día en que, estando en su casa, me dio un abrazo muy fuerte y me dijo que me quería. Yo la abracé también, pero **esa fue la primera vez en que noté fluir la energía de su amor en estado puro**, y me pilló tan fuera de juego que no sabía cómo reaccionar, ni cómo asumir ni asimilar todo aquello, porque no estaba acostumbrada. Continué abrazándola, por supuesto, pero me sentí muy incómoda a la vez que emocionada.

* * *

**Los siguientes abrazos fueron mejorando, y llegó un momento en que éramos capaces de darnos y expresarnos cariño de forma habitual. ¡Todo un logro! ¡Menuda evolución para las dos! Y lo mejor de todo es que lo extrapoló al resto de la gente. Se volvió mucho más accesible y "humana" con todo el mundo. Siempre había sido muy educada y amable, pero verla sonreír y reír abiertamente, sin taparse la boca o bajar la cabeza, era maravilloso. Se volvió algo más "aventurera" emocionalmente hablando, aunque no a nivel de pareja. Desde que rompió con aquel jeta cerró su corazón a ese tipo de amor.**

* * *

El nacimiento de mi segundo hijo fue para ella algo muy especial, un regalo anti-frustración.

Intenté que estuviera conmigo durante el parto, pero no la dejaron. Aun así, me acompañó al hospital y estuvo conmigo todo el tiempo que le permitieron. Hubo un suceso del que ella presumía con orgullo, y era que vio al peque antes que yo. Cuando nació yo solo le vi un pie y se lo llevaron a la incubadora un par de horas porque hacía mucho frío. Como ella tenía amigos en el centro, la dejaron entrar y ver a su nieto, así que fue la primera de la familia en verle la cara. Estaba muy contenta porque tenía el labio inferior igualito a ella, pero muy, muy claro, y se la veía radiante de felicidad. Yo también lo estaba, por haber dado a luz a mi bebé y por ver así a mi madre. Era la primera vez que estaba presente o cerca del nacimiento de uno de sus nietos, que hasta el momento habían sido varones. La naturaleza estaba equilibrando una generación de siete mujeres...

* * *

**Pienso que ser abuela de este nieto, en concreto, fue la oportunidad que tuvo de disfrutar de una "maternidad" sin la responsabilidad de tener que educar, criar y demás. Exactamente eso, DISFRUTAR: aunque me ayudó mucho con las penalidades con mis hijos, pero desde otro punto de vista diferente. YO era la madre, la responsable de ellos, y ella, en todo caso me ayudaba, pero tenía su vida, su trabajo, sus amigos, sus cosas...**

## 20. 2001: UNA ODISEA EN MI ESPACIO

El 2001 fue un año muy relevante e interesante dentro de mi biografía. Mi vida social en aquella época era casi inexistente.

Trabajaba hacía un tiempo como teleoperadora de Atención al Cliente de Amena en Zaragoza, y mi situación económica era algo mejor. Me compré un teléfono móvil, un ordenador de sobremesa y un router para conectarlo a internet. No me podía ni imaginar lo que aquella inversión iba a suponer, a muchos niveles. Quería, en realidad necesitaba, relacionarme con más gente. Me sentía muy sola y tenía dificultades para poder salir por ahí y quedar a la manera "tradicional", así que decidí explorar el ciberespacio, aunque entonces no tenía nada que ver con el mundo virtual que disfrutamos en la actualidad. Aquello se podría considerar casi como la "prehistoria digital".

Estaba a punto de cumplir 33 años y de iniciar mi GRAN REVOLUCIÓN... (me tiemblan hasta las manos pensando en todo lo que voy a escribir...)

Instalé todo de una vez y conseguí que la conexión telefónica del router funcionase también (¡¡¡¡entonces era de 56K y ethernet!!!!). Me dispuse a navegar y cotillear un poco a ver qué se cocía.

Me creé cuentas en Hotmail y Yahoo! porque cuando encontraba algún chat interesante, en alguna página, las personas con las que me relacionaba en el ciberespacio me pedían mi ID para utilizar los Messenger y continuar conversando desde allí; de ese modo, poco a poco fui haciendo algunos amigos. Todo eso estaba bien para entretenerte y pasar el rato, pero lo que me descubrió otro mundo completamente diferente fue el IRC Hispano.

Era una aplicación que te descargabas y que aparecía en escritorio como mIRC. Cuando lo abrías y se conectaba, podías acceder a las diferentes salas o canales para chatear cuyos nombres estaban precedidos por el símbolo #. Para poder entrar tenías que tener un apodo o "Nick" que en mi caso era ISKE; me gustaba mucho mi nombre virtual porque era muy BI, no se sabía si era de chica o chico. Hubo mucha gente que me preguntó si era vasco, pero lo cierto es que me lo inventé:

estaba formado con las iniciales de los nombres de mis dos hijos varones.

Podías estar en varios canales a la vez y verlos al mismo tiempo en tu pantalla. En la parte central del canal estaba "el general", donde la gente participaba escribiendo a mogollón.

Aquí fue donde aprendí cosas como que escribir todo en mayúsculas significa "gritar" y parte de la "netiqueta" o buena educación en internet. Si lo que querías era hablar en privado con alguna persona en concreto solo tenías que hacer doble clic sobre su Nick en el listado de la derecha.

Ahora te puedo parecer muy ingenua contándote cómo funcionaba todo aquello, pero eran los inicios de internet, de las redes sociales… 'No existía WhatsApp! Era todo nuevo y desconocido, una aventura.

Visitaba canales nuevos de vez en cuando, solía ser asidua de unos pocos, pero mi canal favorito, sin duda, era #sexo. En aquel canal era yo misma, totalmente desinhibida; podía experimentar y jugar, o lo que quisiera, y no pasaba nada. Me sentía protegida por el anonimato. Lo que sí es cierto es que no mentía sobre mí misma, ni sobre mi edad o peso. Lógicamente había mucha información que no daba, pero la que revelaba, era verdadera. Y FUE CUANDO DESPERTÉ AL MUNDO REAL, como en la película Matrix. Y NO VOLVÍ A SER LA MISMA NUNCA MÁS. ¿Qué fue lo que descubrí? Algunas cosas nuevas, que me impactaron, y otras cosas que intuía, pero que se confirmaron.

El chico que me abrió aquel privado, Storm, que me dijo que le excitaban las mujeres gorditas, o más bien gordas, fue el primero, pero no el único. Como no le creía, me mandó archivos con fotos de las mujeres que le excitaban, y yo me quedé alucinada. ¡Algunas de ellas eran incluso más grandes que yo!, y, ¡se masturbaba mirando aquellas fotos! Me costó asimilar aquello, pero decidí someterme a mí misma a una "terapia de choque" así que busqué páginas en internet de BBW (Big Beautiful Women) y SBWM (Súper Big Beautiful Women) que así se denominan en inglés, o chicas de talla grande o súper grande, en las que ellas cuelgan fotografías suyas vestidas, con poca o ninguna ropa y sus fans les dejan comentarios.

Al principio me fue bastante difícil mirar aquellas fotos porque me veía reflejada, yo odiaba mi cuerpo en aquel entonces, tenía lo que se denomina una "disforia corporal" considerable, y no me gustaban, pero cuando me dediqué a leer los miles y miles de comentarios de los hombres que adoran a estas mujeres, que NOS adoran, mi cerebro empezó a hacer "clic".

Inicialmente veía las imágenes una especie de espejo de mí misma, con disgusto, con prejuicios, hasta con asco en algunos casos y pensaba cosas del estilo de: "¿cómo no les da vergüenza posar así, con todos esos michelines asomando, tan antiestéticos, con esas poses de actriz porno, poniendo esas caras? ¡Y aún se pensarán que son sexis!".

Me sentía francamente mal mirando esas fotos porque me estaba colocando frente a la pésima imagen que tenía de mi cuerpo, estaba enfrentándome directamente con mi autoestima, con la educación que me habían dado, machacaban todos los estereotipos y todo aquello ponía mi mundo interior y exterior patas arriba... Me dediqué a ver cientos, miles de fotos, y poco a poco me fui sintiendo mejor ante la vista de estas mujeres y sus retratos. Ellas se sentían bien en estas fotos, haciéndoselas y colgándolas, se gustaban así, y yo también empecé a sentirme más cómoda con mi cuerpo, menos asqueada. **Ese fue el comienzo.**

El segundo "tratamiento de choque" fue leer los comentarios de los admiradores de estas mujeres fabulosas. Había de todo, como es lógico, pero la mayoría era de hombres, y sienten por ellas auténtica adoración. No es solamente la atracción sexual, que es enorme: les escriben cosas más o menos fuertes en este sentido y se nota en muchos casos que están muy excitados, o masturbándose por lo que escriben, pero hay un porcentaje muy elevado que comenta cosas muy cariñosas, amorosas, románticas, nada sexuales, en los que alaban su belleza con detalles encantadores.

* * *

Resultó que Storm era de Zaragoza también y, como yo solía librar entre semana, al final decidimos que llevábamos mucho tiempo hablando, y que por qué no tener un encuentro cuando mis hijos estuviesen en el cole. Dicho y hecho, quedamos un día en mi casa y tuvimos un encuentro de sexo genial en el que me hizo sentir la mujer más guapa y sexy del mundo.

* * *

Como te digo, durante muchos años de mi vida me odié a mí misma y sobre todo odié mi cuerpo. Actualmente hay algún momento aislado en que me cuesta amarlo, pero he llegado a aceptarlo, y eso es un avance enorme en mi recorrido personal porque por fin he llegado a la conclusión y convicción de que el mío es UN CUERPO CON HISTORIA y que, como tal, merece respeto, admiración y AMOR. ¡MUCHO AMOR!

Ya te conté en el capítulo sobre mi caballo de batalla, que he pasado la mayor parte de mi vida subiendo y bajando de peso, además he tenido tres hijos maravillosos a los que he dado el pecho, en 2008 me extirparon el riñón izquierdo porque lo tenía podrido y hecho un coral de piedras, he pasado épocas en las que hice más ejercicio que otras...

El resultado final actual, en 2017, con 49 años, es que soy una mujer fabulosa con un cuerpo que muestra todos esos cambios, sucesos y circunstancias.

Uno de los descubrimientos más importantes y que más me impactó al acceder al ciberespacio fue que: HAY MILLONES DE HOMBRES (Y MUJERES) A LOS QUE LES GUSTAN/EXCITAN LAS MUJERES GORDAS.
Esto era justo lo contrario de lo que me habían estado diciendo toda mi vida, y por lo que me había/n estado machacando: por ser gorda "no me iban a querer".

Estas observaciones que te relato en el capítulo fueron las que me terminaron de convencer de que había estado viviendo una gran mentira hasta entonces, y que la cultura de la Delgadez y la Gordofobia han sido creadas para manipularnos.

¿Te hacen daño comentarios que hacen sobre tu cuerpo, sea como sea? ¿Te cuesta aceptarte tal y como eres? ¿Te repites comentarios negativos sobre ti y tu cuerpo cuando hablas contigo misma/o? ¿Tienes Bulimia o Anorexia? ¿Sufres por no tener un físico como "mandan los cánones de belleza actual"?

En mi caso, a los 33, el daño causado ya era muy grande, pero desde entonces me ha sido mucho más fácil trabajar el amor hacia mi cuerpo y mejorar mi imagen corporal. <u>A veces tengo alguna pequeña recaída</u>, pero sigo adelante, mejorando.

Ahora sé cuál es la **VERDAD: DA IGUAL EL CUERPO QUE TENGAS, LO IMPORTANTE ES QUE TE QUIERAS A TI MISMO/A**. Si te quieres tú, te querrán los demás, porque el amor atrae el amor, te lo digo ahora ya por experiencia :).

De este rollo ya me habían hablado antes, del amor propio (del verdadero, no del egoísmo), pero tuve que experimentarlo primero en mí misma para entenderlo y asumirlo. Soy así de cabezota, ya ves...

Te propongo algunas cosillas:

- Si te miras al espejo, con o sin ropa, comienza a decirte cosas positivas sobre ti, que seguro que encuentras. Si te cuesta mucho ve despacio, a tu ritmo, pero hazlo.

- Otro ejercicio: en un folio o, mejor, en una cartulina, escribe una lista numerada de 20 cosas positivas que sabes hacer. En la mía, cuando la hice, puse cosas como "sé escuchar a la gente", "se me da bien arreglar cosas rotas", o "sé cantar bastante bien". La tuya no tiene por qué contener estos ejemplos.
Con el tiempo puedes ir añadiendo cosas y te recomiendo que la repases al menos una vez a la semana, cuando a ti te parezca. Tu lista será única como lo eres tú.

- Además puedes hacer otra lista de 20 cosas positivas que te gustan o que te gustaría hacer. Por ejemplo: "me gusta la música", "me gusta pasear por el campo", "me gustan las manzanas", "me gusta que me abracen", "me gusta besar" ... Tú haz tu lista, poco a poco ve haciendo esas cosas y, cuando las hayas hecho pon una cruz o un tick al lado. Procura elegir un poco de todo lo de tu lista, no te centres en una o dos cosas que te sean fáciles.

¡Anímate a disfrutar y a sentirte bien! Y, como siempre... ¡Sonríe! ¡Que tú lo vales!

## 21. ¡FUERA POLILLAS!

En 2001, con 33 años, me costó mucho dar el paso de tomar una decisión de la que me siento muy orgullosa: salir del armario como BISEXUAL.
A decir verdad, te puedo asegurar que, con los conocimientos e información que tengo actualmente, me considero dentro del espectro Plurisexual, pero comencé a aceptarme a mí misma desde una perspectiva BI.
Durante muchísimos años sufrí diversas fases, desde intentar negar la evidencia, a sentirme culpable por ser así, por salirme de la "norma", a pensar que se me pasaría con la edad, a creer que era una desviación y que era una "viciosa", como escuchaba por ahí, tantas cosas... Pero la verdad es que lo soy, desde siempre, y después de enfrentarme a las realidades que descubrí en internet, "desclasificarme" como bicho tan raro, identificarme tan solo como "bastante peculiar" y que me gustase verme a mí misma así, pensé que ya era tiempo de darme la oportunidad de vivir según soy, no como la sociedad convencional dicta que debería hacerlo, según sus reglas.

Así que ahí estaba yo, muerta de la ansiedad y el miedo, intentando respirar hondo, sentada al lado de mi madre. Para conseguir animarme a hablar, contaba mentalmente: 1, 2 y....3. Se suponía que a la tercera iba la vencida y le soltaría la noticia, pero tuve que hacer el conteo muchas veces, hasta que reuní el coraje suficiente, y de mi boca salió: "Mamá, tengo que contarte una cosa..." Estaba realmente "acojonada" por como pudiera reaccionar. Suponía que bien, pero nunca se sabe...

Cuando le expliqué que era bisexual y que había sido así de toda la vida, que lo había pasado muy mal (le conté algunos detalles), y el valor del que tuve que tomar acopio para atreverme a salir del armario con ella, acabó conmigo llorando. Mi madre me abrazó y me dijo que lo imaginaba, cosa que me descolocó mucho (¿se me notaba?), que ella me quería tal como era y que quizá me ayudaría hablar con mi tía Gera, su hermana. Le pregunté que por qué, si mi tía era lesbiana, y me dijo que en realidad no era tal, sino bisexual, como yo. En ese instante pensé en lo bien que me habría venido saber eso años antes, pero bueno, más vale tarde que nunca, así que la telefoneé y fue una conversación muy interesante, entre otras cosas, porque me dio un par de buenos consejos, ahora que estaba recién salida del "huevo" y era muy vulnerable, en el tema de las mujeres, principalmente; ideas sobre cómo cuidarme.

* * *

Actualmente estoy completamente fuera del armario para todo el mundo, pero entonces la situación era un torbellino de emociones y tenía mucho que superar, a lo que enfrentarme. De todos modos, es una de las mejores cosas que he hecho por y para mí misma a lo largo y ancho de mi existencia, a pesar de algunos precios elevados que pago por ello.
Te cuento todo esto como parte de mi historia de superación y evolución, en la que he ido dejando de ser víctima de muchas cosas, pero también quiero dejarte claro que "salir del armario" es una decisión muy personal, que suele implicar muchas cosas. Como digo muy a menudo NADIE ESTÄ OBLIGADO A SALIR, pero si lo haces, hazlo primero con la persona o personas que sepas o intuyas que te van a ayudar y/o apoyar, y poco a poco ve ampliando ese círculo de "apoyos morales" hasta salir del todo, si es lo que deseas.
Mucho cuidado si, por el contrario, alguien se confiesa contigo y te cuenta cuál es su orientación sexual no heterosexual: NO seas tú quien lo vaya contando por ahí. NO ejerzas ese tipo de violencia con quien ha confiado en ti. Si quiere salir al mundo lo hará, pero no obligado/a por una situación generada por ti, una tercera persona. Y si quieres de verdad a la persona que te ha hecho las confesiones, APÓYALA/E con tu amor y empatía, aunque no lo comprendas.

## 22. LA BURBUJA QUE CAMBIÓ DE COLOR

JC y yo coincidimos y comenzamos a hablar por internet, a través del IRC, en el canal #más de 30, en mayo de 2001, justo al comienzo de mi odisea de descubrimientos que te relaté en un capítulo anterior.
Él residía en Madrid y yo en Zaragoza. Él separado, ocho años mayor; yo soltera con dos hijos, y nunca había vivido en pareja. Él vivía en un piso de su propiedad en la capital de España y dirigía su propia empresa; yo trabajaba de tele operadora y vivía de alquiler. Mis hijos mayores tenían mis apellidos y sus padres biológicos nunca me habían pasado manutención ni se habían ocupado en forma alguna de ellos. Su familia era tradicional y estaba bastante unida, y la mía... ya sabes. A los pocos días de hablar por chat y por teléfono, coincidió que libraba ese fin de semana y decidimos que vendría en coche a mi casa para conocernos. Mi madre me hizo el enorme favor de quedarse con los niños.

Fue un auténtico flechazo, pero en mi caso era normal: un hombre interesante, que no un "mindundi" como los que estaba acostumbrada, que te trata como a una reina, que te mima, te lleva en palmitas, que te hace regalitos, con un buen coche, educado, inteligente... Un "señor" que me deslumbró por completo. Aquel finde fue estupendo, aunque hubo alguna cosa que me pareció rara, a nivel de sexo y comportamiento, pero lo atribuí a nuestra diferencia de edad y de educación. No paramos de hablar y besarnos en el sofá aparte de salir por ahí a comer marisco, o lo que fuese. Lo pasamos genial. Cuando regresó a Madrid, llamé a una amiga por teléfono y le dije: "**NO** me he enamorado". Fue una forma muy burda y absurda de intentar poner un muro y protegerme de lo que estaba empezando a sentir. En realidad, SÍ me había enamorado, pero si él no sentía lo mismo, no sabía cómo lo iba a superar.

Seguimos hablando muchísimo tiempo online y el miércoles de esa misma semana me dijo que se había enamorado de mí. Yo le confesé que yo sentía lo mismo por él y así comenzó oficialmente nuestra relación. De todos modos, yo había sido muy sincera desde el principio y le expliqué que jugaba con mucha gente, que era promiscua y bisexual. A lo de bisexual me comentó que no lo entendía, pero que lo aceptaba, pero al resto me dijo que él cuando amaba a alguien quería la exclusividad. Le expliqué que no sabía ser solo de una persona, pero que estaba muy enamorada de él, que era la primera vez que sentía algo así por alguien, y que intentaría ser suya en exclusiva. Y de hecho lo fui durante tres años sin ningún esfuerzo.

\* \* \*

A los cuatro meses, en septiembre de 2001, cuando aún vivíamos separados, me contó que había querido tener hijos con su ex mujer, que ella había quedado embarazada, pero lo habían perdido, sin posibilidad de otra gestación por parte de ella, y me propuso que tuviésemos un bebé nuestro.
Cuando me lo sugirió, la sorpresa para mí fue mayúscula, no podía creer que me plantease algo así debido a que sabía que yo me había hecho una ligadura de trompas cuando mi segundo hijo iba a cumplir un año. Era muy fértil y no quería volver a correr el riesgo de un tercer embarazo en solitario. Ahora, cinco años más tarde, mi pareja me decía que deseaba que fuésemos padres, no adoptivos, sino biológicos, y para poder tener un hijo con él, tenía que someterme a una reproducción asistida, con todo lo que ello conllevaba. De todos modos, tras el shock inicial, algo de reflexión y también porque estaba locamente enamorada, acepté. Me acerqué al Hospital Miguel Servet de Zaragoza e hice que nos pusieran en lista de espera, que se preveía fuera de unos tres años aproximadamente.

\* \* \*

Tras cinco meses de relación a distancia en los que él viajaba los findes a Zaragoza y yo a Madrid los días entre semana en que libraba, decidimos compartir nuestras vidas; estábamos muy enamorados, nos queríamos mucho y también parecía llevarse de maravilla con mis hijos. Como su situación financiera era mucho mejor y más desahogada que la mía, resolvimos que fuera yo quien viniera a Madrid con los niños. Así lo hicimos el 6 de enero de 2002. Tengo que reconocer que los tres primeros años de relación fui muy feliz, "la vie en rose" como dice la canción, de color de rosa.

Cuando nos acomodamos en Madrid, intenté traer la lista de espera para la reproducción al Hospital Clínico, pero no fue posible.
El mes de septiembre de 2003, nos llamaron desde Zaragoza para comenzar el tratamiento en octubre, hasta el 17 de noviembre, en que me implantaron el embrión de nuestro bebé. Esto implicó viajar entre ambas ciudades, en coche, hasta tres veces en una misma semana,

durante casi un mes, pidiendo permiso en el trabajo. Me sacaban sangre en el hospital sobre las 8 de la mañana en Zaragoza, salíamos hacia Madrid, cuando llegábamos sobre las 11:30 me incorporaba al trabajo, y al día siguiente, o los dos días por la tarde, según nos dijeran, JC me venía a buscar después de trabajar para ir a la capital maña, y nos quedábamos a dormir en casa de mi madre, hasta las 8 am del día siguiente... Mi hijo mayor, que entonces tenía 16 años, se encargaba de su hermano, que tenía 8. A ellos les habíamos dicho que estaban tratándome el riñón, por las infecciones de orina de repetición. No queríamos decirles que estábamos buscando un embarazo hasta saber si lo habíamos conseguido de verdad.

A la vez que seguía el tratamiento para la reproducción, con la añadidura de todos los viajes, estaba en pleno proceso de selección para promocionar en la empresa en la que estaba trabajando; de hecho, logré el puesto que llevaba **años** intentando conseguir: Coordinadora de Calidad y Formación.

Pero a los 10 días de conseguir el ascenso y de trabajar en ese puesto que me encantaba, tuve que ingresar de urgencia en el hospital, en Madrid con un "síndrome de hiperestimulación ovárica".
Aún no sabía si estaba embarazada o no, ya que hacía más o menos una semana que me habían implantado el embrión. Estuve ingresada casi un mes, en el que no me dejaban moverme más que para ir al aseo porque, si se me rompía un ovario, corría un serio peligro de muerte.
Como tuve que estar tanto tiempo de baja, perdí la promoción del puesto que tanto me costó conseguir en la empresa, así que cuando me dieron el alta, tuve que volver a mi trabajo anterior de tele operadora, con el consecuente daño a mi autoestima. De todos modos, estaba contenta, a pesar de ese palo, porque ya tenía la confirmación de que estaba embarazada, y lo habíamos conseguido a la primera, aunque solo nos habían dado un 10% de probabilidades de éxito.

En aquella época, el que era mi pareja, y futuro padre de mi hija, había cerrado su empresa, sin derecho a desempleo porque era autónomo.

Hasta el momento del embarazo y de estar hospitalizada, nuestra vida afectiva y sexual había sido plena y satisfactoria para ambos, de hecho, desde que empezamos a convivir en 2002, teníamos sexo a diario, en ocasiones más de una vez al día, pero, a partir de ahí, las cosas empezaron a cambiar: a él comenzó a darle repelús tener relaciones sexuales conmigo por mi estado, pero tampoco se masturbaba, eso me lo dejaba a mí; fue un embarazo de riesgo con algunas complicaciones y estuve trabajando hasta el 7º mes en que me dieron la baja porque tenía infecciones de orina continuas, pero por lo demás fue una gestación muy normal. El ya no trabajaba, y lo cierto es que me acompañaba a todas las revisiones y a las clases de preparación al parto, excepto a las dos últimas porque empezó un curso de conducción para desempleados de larga duración.

Nuestra hija nació el 10 de agosto de parto natural y él estuvo conmigo durante la dilatación, el parto y el post parto. Como no me pusieron anestesia epidural, porque no quise, y no me dieron puntos porque no me hicieron episiotomía en esta ocasión, nos fuimos del hospital más o menos en 24 horas.

A partir de aquí empezó el declive, al menos para mí. Él se centró en la niña y era todo para ella; en lugar de alternarnos para descansar, lo teníamos que hacer todo juntos. A los tres días de nacer la pequeña nos fuimos a la finca de la familia, no podía dormir ya que me tenía que levantar a hacer yo la comida de la familia; no era capaz ni de hacerla por mí para dejarme descansar. La niña me reclamaba el pecho casi 24 horas al día y claro, según él, no podía dejarla con hambre. Hasta el pediatra le dijo que dejásemos a la niña llorar, pero nada.
Casi cesamos de tener intimidad porque nuestra hija estaba en misma habitación que nosotros y a él le daba apuro que tuviésemos sexo estando el bebé cerca.

Cuando yo estaba al final del embarazo, le propuse hacer la obra en casa para preparar la habitación separada para la niña, pero no, decidió esperar a que la peque tuviera dos meses para hacer la pared e instalar la puerta, y como él estaba yendo a otro curso, a mí me tocaba encargarme de casi todo y hacer la limpieza del tema. Así los 15 días que duró la obra.

En diciembre de 2004, durante la baja maternal, me quedé sin trabajo, así que como tenía derecho a cobrar el desempleo, decidimos que yo seguiría un tiempo así, para ocuparme de nuestra hija y no tener que llevarla tan pequeña a la guardería. El empezó otro curso, en este caso de técnico en urgencias por la tarde, que era cuando más le necesitaba para que me ayudase con el tema de baños, cenas, etc.

*  *  *

Aparte de esto empezamos a ir al CAF (Centro de apoyo a la Familia)

porque mis hijos varones se llevaban fatal desde siempre, había mucha violencia física entre ellos y el mediano, que además es hiperactivo, tenía muchas dificultades en el colegio público al que iba, por mal comportamiento.
Con el mediano llegué a pasarlo tan mal con la dirección de aquel colegio que escribí una carta de reclamación/denuncia a inspección de educación. Una mañana llamé llorando a la psicóloga del CAF desde el despacho de la directora del cole, que me había llamado por algo que había hecho mi hijo, diciendo que lo único que me quedaba ya por hacer era renunciar a su custodia.

\* \* \*

Estaba tan cansada, tan agotada por todo, me sentía tan sola y abandonada, que empecé a tener pensamientos suicidas, así que decidí pedir ayuda y comencé a ir a Salud Mental sin decírselo a mi pareja porque ya había problemas de comunicación entre nosotros. En enero/febrero de 2005 la psiquiatra me dijo que tenía una depresión post-parto y que debía comenzar un tratamiento con medicación, así que como le seguía dando el pecho a mi hija, tuve que contarle a él que estaba enferma, lo que me pasaba y que debía dejar la lactancia materna por las medicinas que tenía que empezar a tomar. Yo esperaba que su reacción sería la de una persona que me amaba: que me diría que no me preocupara, que saldríamos adelante o algo así, pero, en lugar de eso, lo que hizo fue echarme una bronca tremenda por no habérselo dicho antes, y yo me quedé hecha polvo. **En ese mismo instante dejó de ser mi amigo y se abrió una enorme brecha entre los dos.**

La casa se me caía encima, básicamente no tenía con quién hablar porque, como él era tan posesivo, no teníamos vida social, y cuando intenté tener amigos en uno de los trabajos, puso tantas pegas y problemas que me quedé sin ellos.
Ni a la peluquería me podía ir tranquila porque a la vuelta, según él, todo era un desastre, y acababa sintiéndome culpable por haberme permitido algo de tiempo para mí misma.

Desde el principio de la relación los dos poníamos exactamente la misma cantidad de dinero para los gastos, daba igual los que ingresara cada uno. Llegó un momento que llevaba sola todo el tema de las cuentas de casa. Él me decía que como yo lo hacía muy bien, que, con poner dinero de más para cuadrar al mes, si era necesario, se quedaba contento, pero eso a mí me suponía mucho estrés, así que después de insistir mucho conseguí que nos sentásemos una vez al mes e hiciésemos la contabilidad de la casa entre los dos.

En marzo él empezó a trabajar como conductor de ambulancias en horario de mañana: madrugaba mucho y regresaba a mediodía.

Poco después me sentía tan sola (no tanto física como emocionalmente) que empecé a retomar varios antiguos contactos en internet. Comenzaron siendo simples charlas de amigos y se convirtieron en conversaciones de tipo sexual. Aquí fue el momento en que dejé la exclusividad. Lo había intentado con todas mis fuerzas, pero ya no podía más.

También comencé a plantearme separarme de él, a pensar que en septiembre de 2005 se me acababa el paro, y en que si encontraba trabajo me iría, pero a mi pareja no le dije nada, al menos así con estas palabras: sí que le manifesté que era muy infeliz, que cada vez me ayudaba menos con las cosas de casa, con los niños "porque estaba cansado de trabajar", y solo le hacía caso a su hija, y que, si seguíamos en esa situación, la relación se iba a romper, pero él no se dio por aludido.

Las cosas fueron de mal en peor, y además de tener una depresión tremenda, la relación entre él y mi hijo mayor cada vez se fue haciendo más difícil. Aquel verano se fue a cuidar de la gata de mi madre a Zaragoza mientras ella estaba de vacaciones y no pude celebrar con él su 18 cumpleaños, su mayoría de edad. Mi hijo aprovechó esa circunstancia y ya no regresó a vivir a la casa: en agosto se fue a Israel a conocer a su abuelo, porque éste le pagó el viaje, y a su vuelta se quedó en casa de una amiga de una de mis hermanas, en Zaragoza, hasta que empezó la formación correspondiente para entrar en el ejército. Allí sigue trabajando en la actualidad.

\* \* \*

**Yo estaba en tal estado de shock que no fui capaz de llorar el hecho de que mi hijo se había ido de casa de aquella manera hasta más de mes y medio después.**

\* \* \*

Otro de los motivos importantes que me hacían querer separarme de él era que, cuando me dijo por primera vez que quería que tuviéramos un hijo en común, le expliqué que, si acabábamos haciéndolo, yo quería que nos casásemos por lo civil, que no creía en el matrimonio, pero que me había quedado sola con mis hijos mayores, que la situación de embarazo me hacía sentir muy insegura y también quería que lo hiciésemos por temas legales de la criatura, y él había aceptado. Luego nunca cumplió su promesa y eso que se la recordé en varias ocasiones. Él decía que estaba muy escarmentado por la separación de su ex mujer, y que si no la hubiera conocido antes a ella probablemente se hubiera casado conmigo. ¿¿¿???

A finales del verano de 2005, durante una discusión bastante fuerte que tuvimos, me dijo que, si no me gustaban las cosas, que me podía ir yendo, a lo que le respondí que eso pensaba hacer, que mi idea era encontrar un trabajo en septiembre, buscar un piso e irme. No se lo esperaba, según me dijo después, y yo le manifesté que ya no le aguantaba más: que solo le interesaba la niña, que cada vez me ayudaba menos, que nuestra vida sexual era poco satisfactoria, que necesitaba tener cierta intimidad y tiempo para mí sola, poder salir con amigos a tomar un café o lo que fuera sin él, si los niños y que me agobiaba mucho tener que llevar la responsabilidad del tema económico. Él me dijo que me quería mucho y que no quería que nos separásemos.

Dejé de dormir con él, y cuando regresamos a Madrid desde la finca, yo lo hice dispuesta a separarme: me puse a buscar trabajo en serio y me instalé en la habitación de los chicos, en la litera de abajo. El día 31 de agosto había encontrado un buen puesto, pero implicaba horario de tarde. Me dirigí a él y le expliqué que había encontrado trabajo y que, durante unos días, tenía que hacerse cargo de los niños hasta que encontrase piso. Me contestó vehementemente que ni hablar, que él no se iba a quedar con los ellos para que yo trabajara y me separara de él. **En aquel momento me di cuenta de que no iba a dejar que me marchase: me entró el pánico y una crisis de ansiedad que me llevaron a irme a la cocina e inflarme a pastillas para suicidarme.** El caso es que me encontró cuando ya me había tomado una caja entera de antidepresivos y llamó a una ambulancia. Me hicieron un lavado de estómago y pasé una noche en el hospital.

Después de aquello pensé que no era posible cambiar las cosas y de alguna forma me resigné. He de admitir que todavía una parte de mí le seguía queriendo y decidimos, después de hablar mucho, que íbamos a intentar sacar a flote la relación. Pocos días más tarde, por un descuido mío con una foto íntima que me había hecho, se enteró de mis juegos por internet. Me hizo jurar que no volvería a pasar, me obligó a borrar las direcciones, historiales y demás, pero seguimos adelante.

El 6 de septiembre encontré un trabajo con un horario compatible con nuestra cerrada y opresiva vida familiar. La peque empezó a ir a la guardería y conseguí cambiar al niño mediano de colegio a uno en el que supieron tratarle de una forma más adecuada.

Al principio trabajaba en Pozuelo y no había muy buen ambiente, pero en enero de 2006 conseguí un puesto en la misma empresa como Evaluadora de Calidad de call centers, donde conocí a gente estupenda. Algunos de ellos siguen siendo amigos míos actualmente. Seguía sin salir por ahí con nadie, pero al menos dentro del centro tenía ciertas relaciones sociales y empecé a encontrarme mejor conmigo misma, en el trabajo se me valoraba muy bien y hablaba con mis amigos de cosas interesantes, me reía, etc. En casa las cosas no cambiaron demasiado. Mi pareja decidió preparar las oposiciones para conductor del Parque Móvil Ministerios y en marzo, cuando llevaba un año trabajando como conductor de ambulancias, lo dejó para ponerse a estudiar.

Ese mismo mes de marzo era el cumpleaños de uno de mis amigos de internet y no podía dejar de pensar en ello, y aunque le había prometido a mi pareja que no me iba a volver a poner en contacto con ellos, le escribí para felicitarle, para contarle lo que había pasado (ya que no me pude despedir siquiera) y decirle que estaba bien. No fui capaz de dejarlo ahí y continué unos días teniendo conversaciones, juegos de todo tipo, incluso sexuales, hasta que le confesé a mi pareja lo que había hecho. Él me dijo que yo tenía un problema, y yo le dije que igual necesitaba la ayuda de una psicóloga/sexóloga. **Realmente me llegó a convencer de que estaba enferma.** Acudimos a terapia por separado, primero yo y después él. La sexóloga me dijo que no tenía un problema sexual, sino de autoestima muy baja, y que JC y yo teníamos una idea muy diferente de lo que es una pareja: él completamente cerrada y yo, al contrario, abierta. Otra realidad era que, hasta que me quedé embarazada, éramos muy activos sexualmente, como ya te he contado, pero eso cambió de manera radical y lo asimilé francamente mal. Aún recuerdo cuando teníamos sexo diario, que JC me preguntaba de vez en cuando: "¿Cariño, cuántas veces crees que habremos hecho el amor? ¿Mil, tal vez? Por ahí, ¿verdad?". Cómo cambiaron las cosas: de estar feliz por tener una mujer tan activa y sexy mientras la relación iba viento en popa y las prioridades éramos nosotros mismos, hasta llegar a hacerme creer que era una adicta al sexo, cuando yo no había cambiado en absoluto respecto a ese tema ...

* * *

**Cada vez iba teniendo más claro que nuestros caminos se separaban e iba dejando de amarle por aburrimiento, frustración y agotamiento entre otras razones. Al principio de la relación era capaz de imaginarnos juntos, a los dos, en un futuro lejano, pero llegados a este punto ya no.**
**A mí la terapia me sirvió, entre otras cosas, para abrir los ojos y tomar la firme decisión de recuperarme a mí misma. Para él, los dos días que tuvo que acudir a la consulta, no le sirvieron para nada, según sus palabras textuales.**
**Cuando le hablaba del tema de limpieza de casa, por ejemplo, su contestación era que no había nacido para marujo; un día de los últimos tres meses, le dije que si estaba sin trabajar no era normal que yo tuviese que hacer las cosas de casa, ir a comprar y todo después del trabajo, y que estaba harta de que se tocara los huevos, a lo que me respondió que como pagaba la mitad de los gastos de casa tenía derecho a tocarse los huevos si le daba la gana.**

* * *

En mayo comenzó el proceso de exámenes. El teórico ese mes, y en junio, como lo superó, el práctico. Luego pasó el examen médico y llegó al concurso de méritos.

En julio JC pagó la totalidad del viaje de 7 días a la República Dominicana en un "todo incluido" para los cuatro (la peque, el mediano y nosotros dos), y la verdad es que estuvo bastante bien, aunque no conseguí que accediera a pagar dos horas a una canguro para poder hacer algo nosotros solos. Incluso estuvimos hablando con la chica, pero no hubo manera de dejar a nuestra hija con la babysitter del resort.

En cuanto a las oposiciones a las que se presentó había llegado hasta el concurso de méritos y salió "No apto" a finales de agosto salió porque no le habían tenido en cuenta no sé qué cosa, y en lugar de luchar por ello y reclamar, al menos desde mi punto de vista, lo dejó estar. Él me dijo que las cosas no tenían por qué hacerse a mi manera y yo le dije que, de acuerdo, pero que, llegados a ese punto había perdido lo poco de admiración que me quedaba por él. A partir de esta gota, se colmó mi vaso, y decidí cortar definitivamente.

**A continuación, te relato el calvario por el que tuve que pasar para separarme de él y dejar esa casa que para mí fue una auténtica cárcel:**

A primeros de septiembre se lo dije, que ya llevábamos un año intentando reflotar la relación y que había habido muy pocos cambios; no solo eso, sino que, además, había dejado de quererle en este tiempo, que iba a buscar un piso de alquiler y abogado de oficio para separarme.

Él me dijo que en esta ocasión no me lo iba a impedir y que me facilitaría las cosas, aunque luego no fue así: para él facilitarme las cosas era, por ejemplo, buscarme un piso de 1 habitación, sin amueblar, con un salón grande por 500€ en el Pº de Extremadura y sin permitir que me llevase ni siquiera la cuna de la niña.

A mediados/finales de octubre me comentó que quería que hiciéramos los trámites a través de Mediación Familiar, que era donde había hecho el acuerdo de separación con su ex mujer. Yo accedí por el bien de la niña y porque es mejor hacer las cosas por las buenas que por las malas, aunque no tenía muchas esperanzas en el proceso.

Desde el principio le dije que no le iba a poner trabas para que viera a la niña, ni tampoco si quería seguir teniendo cierta relación con el mediano, al que éste llamaba papá. Que yo no le quería como pareja, pero que los niños eran un tema aparte.
Estuve dos meses buscando piso en Madrid, en Móstoles y alrededores, por menos de 600€, porque mi nómina entonces era de 900€, y aparte de ver pisos inhabitables, la gente casi se reía en mi cara cuando les enseñaba mis ingresos. En mediación dije que tenía varias posibilidades respecto al tema de la vivienda:

    1.    Quedarme a vivir en el piso de JC con los niños hasta que la niña cumpliese 18 años: nunca he querido ejercer este derecho porque el piso es de él y no me parece bien. Siempre le dije que estuve con él por amor y que no he querido ni su casa, ni su

finca, ni su coche, ni su dinero, excepto el que le corresponda a su hija para su manutención y bienestar.
2. Buscar un piso cerca de JC para que pudiesen estar más cerca él y su hija: no encontraba nada. Como no había nada que pudiese pagar, que él costease un tercio del alquiler. Él dijo que ni hablar, que él ya tenía bastante con pagar los gastos de su casa como para encima pagarme la mía.
3. Buscar un piso que pudiera pagar, estuviera donde estuviera. Esto si le parecía mejor pero claro, no podría ver a la niña todos los días. Yo le expliqué que hacía todo lo que podía pero que no me estaba resultando nada fácil.
4. Buscar otro trabajo para ganar más dinero y acceder a una vivienda.
5. Volverme a Zaragoza donde me hubiera sido más fácil encontrar casa, pero no encontraba trabajo (ya estaba mirando en internet). Él dijo que se iba a oponer con todas sus fuerzas a esta última opción.

La siguiente sesión fue por separado: a mí me insistió la mediadora en que, si había pensado bien lo de no ejercer mi derecho a vivir en el piso y le dije que sí, que lo tenía muy claro. También me comentó que a él le iban a decir que, si solo se iba a dedicar a hacer juicios de valor, a continuar bloqueando mis propuestas y a no proponer nada él, que lo mejor era que hablara directamente con su abogado, porque en mediación no podían hacer más. Yo no estuve presente en esa reunión, pero debió suceder así.

En noviembre encontré un nuevo trabajo en San Sebastián de los Reyes y seguí buscando piso infructuosamente hasta principios de enero de 2007 en que, por fin, encontré uno que se ajustaba a nuestras necesidades y presupuesto.

El 27 de enero hice la mudanza con la ayuda de unos amigos y mis hijos varones con un coche y una furgoneta alquilada. Recuerdo ir como los caracoles por la M-30 que, por entonces, estaba "patas arriba" a causa de las obras del túnel para soterrarla y de Madrid Río.

**Siempre recordaré la cara de estupefacción de JC cuando cerré la puerta de la que había sido mi cárcel, para dirigirme a mi nuevo**

hogar, en libertad. Su expresión decía: "No me puedo creer que lo haya conseguido" ...

\* \* \*

Después de aquello seguimos teniendo algunos roces, hasta que salió la sentencia firme del Convenio Regulador de las visitas y la manutención que debía pasar a su hija. Eso sirvió para evitar muchas discusiones y tener las cosas claras sobre cómo proceder, sin discutir.
Con mi hijo mediano no volvió a relacionarse desde que salimos de su casa, ni siquiera una llamada de teléfono para felicitarle por su cumpleaños, cosa que le hizo bastante daño al pobre, pero allá cada uno con su conciencia...
Desde que nos fuimos de aquel piso mantenemos una relación "cordial" por el bien de nuestra hija, pero poco más.
Hay burbujas que desde fuera pueden parecer pompas de jabón preciosas, pero desde dentro son auténticas cárceles.

\* \* \*

**Está claro que en las relaciones que se rompen, siempre hay dos partes, como mínimo, y que yo no fui ninguna "santa" tampoco, pero me siento muy orgullosa de haber tenido la valentía de enfrentarme a JC y de superar todas las pruebas y dificultades para irme de aquel sitio y encontrar mi libertad y la de mis pequeños.**

**He analizado aquella relación y procuro quedarme sobre todo con lo positivo:**
**Fue la primera vez que convivía en pareja y sé que lo hice bastante bien, si no tenemos demasiado en cuenta los dos últimos años. En JC encontré lo que no había tenido; era un hombre completamente distinto a los tíos con los que había salido hasta entonces: era mayor que yo, inteligente, culto, con una vida tranquila y estable, una economía resuelta, una familia tradicional y unida. Los años que fuimos felices y estuvimos bien se debieron a que vivíamos en una burbuja: éramos el uno para la otra y viceversa, con los niños. Nada se salía de ahí. Todo lo hacíamos juntos en un mundo cerrado, sin amigos, sin elementos externos que molestasen, si acaso nos relacionábamos con su familia que también era nuclear. Los dos caminábamos en paralelo, en la misma dirección.**

Él era mi héroe, además se mostraba así, de alguna forma, queriendo salvarme de mi vida anterior, y de mí misma. Y ahora sé que solo YO puedo salvarme a mí misma.

Él quería lo mítico de una mujer "chapada a la antigua": santa en la casa y puta en la cama, pero también lo bueno de una mujer moderna: trabajadora, formal, que también llevase dinero a casa, pero en un entorno cerrado, controlado y protegido por él, dentro de nuestra burbuja. Pretendía tener todo eso en mi persona, y acabó destrozándome.

Los problemas comenzaron cuando nació nuestra hija y cambiaron nuestras prioridades. En lugar de ir en paralelo comenzamos a divergir, cada uno en una dirección, y en mi caso, yo quise recuperar mi esencia de nuevo.

La burbuja cambió de color de rosa a negro, así que <u>decidí</u> romperla y escapar.
¿Te han maltratado así también? ¿Has reaccionado como yo, o de otra manera?
¿Te has planteado salir de una situación de maltrato? ¿Has pedido ayuda?
Como has visto no es fácil, sea cual sea tu situación concreta, pero se puede salir... a veces tomando decisiones y acciones totalmente fuera de tu zona de confort, pero se puede. NO dejes que te acobarden con ideas limitantes, negativas, victimizadoras. Tú decides qué tipo de víctima ser.

## 23. MIS GRANDES TESOROS

Sin duda mis hijos son mis TESOROS y a ellos dedico este capítulo especial. Ellos son mis mejores creaciones, y aunque está claro que no vienen con un manual de instrucciones debajo del brazo (ni con un pan tampoco, que lo miré), he hecho y hago lo que puedo para ser la mejor MADRE posible. He mejorado mucho con los años y la práctica, desde luego, y he de decir que me siento muy orgullosa de mis retoños, así como el trabajo que he realizado con ellos. Y sí, en muchas ocasiones también he tenido que ser una MADRE CORAJE.

**A lo largo del capítulo vuelvo atrás en mi historia, pero espero que comprendas que me apetece escribir sobre los tres en un mismo espacio literario.**

Como ya sabes, mi hijo mayor, Isra, vino al mundo a mediados de julio de 1987.

Era un crío muy activo, que se mantenía mucho tiempo despierto, de día y de noche, muchas veces llorando, pero supongo que era porque recibía la tensión que había en casa. Mi abuela quiso "apropiarse" de él desde que nació, como ya te conté anteriormente, y para mí su primer año de vida fue un tormento intentar ser su mamá, porque, o bien no me dejaba o, cuando tenía alguna oportunidad de hacerlo, me machacaba la autoestima, me desautorizaba delante del pequeño o directamente me lo quitaba de los brazos aduciendo que era una mala madre. Otra cosa que no podía soportar era que lo atiborrase de comida. Yo no quería que pasase hambre, pero tampoco que acabase siendo un niño obeso o con los problemas que yo tenía. Era una lucha continua, adicional a las que ya teníamos, pero al menos como empecé a ir a terapia comencé a tener cierto atisbo de esperanza en que mi vida y la de mi hijo dejarían de ser un infierno.

\* \* \*

Un par de meses antes de que cumpliese el año empezó a tener problemas de gastroenteritis. Le ponía a dieta astringente y mejoraba un poco, pero en cuanto dejaba la dieta, volvíamos a lo mismo. Yo era primeriza, y como no me fiaba de los consejos sobre maternidad y cuidados infantiles de mi abuela, ni de los de la gente de alrededor, aunque fuesen muy bien intencionados, cuando tenía dudas o consultas acudía siempre al pediatra. Además, yo tenía estudios de Puericultura que había hecho a distancia, que saqué con sobresaliente, y había cuidado de mis tres hermanas más pequeñas que yo, por lo que ya tenía conocimientos al respecto. El médico de mi hijo conocía el hecho de que me había intentado suicidar con pastillas estando embarazada de tres meses aproximadamente, cuando aún desconocía mi estado, y cuando le comentaba lo de los vómitos y diarreas de repetición de mi hijo, me decía que la razón era que el niño tenía un sistema digestivo inmaduro debido a mi intento autolítico, y que no se podía hacer nada, excepto seguir con la dieta astringente y esperar que madurara. Yo confiaba en él hasta que mi hijo comenzó a tener unas ojeras negras y a no querer jugar. Como no me hacía caso, me fui al centro de salud y pedí el cambio de pediatra, explicando las razones por las cuales lo requería. Actualmente se pueden solicitar los facultativos que uno quiera, por ley, pero en aquella época no era tarea fácil.

Cuando conseguí cambiar de médico, el niño había estado ingresado una tarde y una noche en el Hospital Infantil porque no paraba de vomitar, hasta el agua que bebía. En aquellos tiempos no te dejaban quedarte con tu hijo y mi niño se había pasado la noche llorando, muerto de miedo y desesperado, así que le dieron el alta para que siguiese la dieta en casa, porque allí el pobre no podía estar. Su nuevo pediatra era un hombre muy serio y seco conmigo, pero todo lo contrario con el peque. El primer día que entró en la consulta se sentó en sus rodillas y estuvo jugando con él y un palito depresor. Desde entonces, cada vez que aparecíamos por la puerta le decía: "¿cómo está el demonio de ojos azules?", y el niño se iba corriendo a darle un beso y a jugar con él. En nuestra primera consulta le conté el episodio con las pastillas durante la gestación, los problemas de gastroenteritis de repetición, lo que me había estado diciendo su colega (razón por la que nos habíamos cambiado), el ingreso en el hospital en el que no había dado tiempo a hacerle básicamente nada porque el crío estuvo en shock, y que yo estaba muy preocupada por la salud de mi hijo. Le mandó un montón de análisis, entre ellos de heces, el primero que le habían pedido hasta la fecha.

Regresamos a verle cuando se suponía que estaban los resultados de las analíticas. Cuando entramos en su despacho el peque fue hacia él muy contento y a mí me dijo en un tono muy autoritario y serio: "Señora, este niño está muy enfermo. Tiene un problema en la sangre". Yo me quedé helada. Lo primero que pensé es que mi niño tenía leucemia y a punto estuve de echarme a llorar, pero conseguí contenerme y le pregunté que qué tenía. Me comunicó que tenía una salmonelosis y que nos podíamos haber cargado al crío, porque sus niveles de gammaglobulina estaban en mínimos. Respiré hondo. Sabía que algo grave le pasaba a mi hijo, y por fin teníamos la respuesta. Me explicó que tendríamos que ponerle inyecciones de gammaglobulina durante varios meses para sacarle adelante, pero que le habíamos cogido a tiempo. Le di las gracias, mil gracias, y le comenté que haría lo que fuese por mi pequeño y aquel fue su pediatra hasta que falleció repentinamente unas Navidades. Yo creía que ese hombre tenía algo en mi contra por ser tan joven o por ser madre soltera, o yo qué sé, porque cuando hablaba conmigo, era como si me echase la bronca, pero con mi hijo era maravilloso y desde que era su médico mi niño parecía otro, así que estaba encantada con su trabajo.

La anécdota curiosa que te puedo contar es que una tarde, estaba tomando algo con una amiga, compañera de colegio, y se nos unió una chica amiga suya, a la que yo conocía de vista. Resultó que esta joven era hija del fallecido pediatra de mi peque. Nos dijo que, a veces, hacía comentarios sobre mí y mi hijo en su casa; que creía que yo era una madre maravillosa. Me quedé pasmada por la sorpresa y le expliqué a su hija que yo había pensado que su padre opinaba todo lo contrario de mí por su forma de hablar conmigo. ¡No se puede juzgar muchas veces por las apariencias! **Tengo que admitir que descubrir esto me ayudó mucho a elevar mi autoestima y a motivarme en mis esfuerzos como madre, a sentir que lo estaba haciendo bien, a pesar de no tener un modelo en el que fijarme, sino mi intuición y poco más.**

\* \* \*

Uno de los problemas más complicados con los que me he encontrado a la hora de educar a mis hijos mayores, varones, ha sido la realidad de haber vivido en un mundo femenino, en un colegio de chicas, sin referentes masculinos, como te comenté hace unos cuántos capítulos. Como te expliqué, para mí, el mundo y el entorno de los hombres era como de extraterrestres y, sobre todo, cuando di a luz a mi primer hijo varón, se me plantearon muchas disyuntivas que tuve que ir superando, muchas veces dando palos de ciego. No quería darle pautas de niña, ni tampoco de macho ibérico (los estereotipos que circulan por ahí), así que me tuve que "inventar" mi modelo educativo, teniendo en cuenta lo que sí y no me gustaba de cómo lo habían hecho conmigo y algunos pensamientos propios. A este "popurrí" le añades mi precaria situación personal y económica de entonces...

Lo que está claro es que si decidí afrontar la maternidad en solitario fue para ser lo MEJOR MADRE posible, teniendo en cuenta mis circunstancias. Mi pequeño era lo que más amaba en el mundo; como te dije, era la razón de mi existencia e iba a hacer cuanto estuviera en mi mano por que saliera bien. Nadie me dijo que fuera a ser fácil, y yo lo sabía.

Una de las cosas importantes para mí era el asunto de la NO VIOLENCIA, sobre todo por lo que sufrí con mi abuela. Un tema básico pero que ha sido muy problemático en su educación. Primero porque los primeros años, cuando me sacaba de quicio, no sabía resolver las situaciones solo regañándole o castigándole, o de otro modo no agresivo. Si perdía el control acababa dándole unos azotes en el culo, o si la cuestión ya se salía de madre, le daba alguna bofetada. Era lo que yo había vivido con mi madre, que era el mejor ejemplo que había recibido dentro de mi entorno, el más normal. **No me gustaba reaccionar así, pero no sabía hacerlo de otra forma todavía; me quedaba mucho por aprender.** Con el tiempo fui aprendiendo a controlarme y encontrando otras maneras, pero eso me llevó años.

Cuando nació les avisé a todas las personas de mi entorno y a los amigos que no permitiría que le regalasen al niño juguetes bélicos: nada de pistolas, espadas, soldados, etc. Si él se los creaba o construía le dejaría jugar con ellos, pero solo en ese caso. Y me mantuve firme en este punto a pesar de las múltiples presiones que recibí para que cambiase de opinión.

Hubo otro punto que creo que no supe gestionar: mi hijo era más grande que los demás compañeros de guardería o del colegio y siempre le inculqué que no se pegase con nadie, aunque le pegasen a él, que buscase a una persona mayor que le ayudase; primero, porque la violencia no es el camino, y segundo porque, con el tamaño y la fuerza que tenía, podía hacer mucho daño a la persona con la que se enfrentase. **Y este punto enlaza directamente con el miedo que he tenido siempre a mi propia fuerza y tamaño.**

Mi hijo mayor me ha echado en cara, varias veces, esta forma de educarle, porque le creó muchos problemas en el colegio y el instituto. Puede que fuese así, pero lo hice con todo el amor del mundo.

\* \* \*

De finales del año 1992 al 93, logré perder 44 kilos. ¡Un gran éxito! Mi cuerpo seguía desagradándome, pero me había demostrado a mí misma que tenía la fuerza de voluntad y el control suficientes para alcanzar mis objetivos. No estaba en mi peso ideal, pero me faltaba poco. Me sentía muy orgullosa de mi persona y mi madre también. Para ella el asunto del peso era muy importante, estar guapa y delgada. Así que ahora ella me motivaba de manera positiva y estábamos contentas las dos.

Fue en esta época cuando conocí a un chico marroquí, musulmán, que vendía diversos artículos de puerta en puerta. El día que apareció por mi casa no le compré nada, pero estuvimos hablando un rato, aunque su español no era muy bueno. Al final terminé invitándole a un café y, no recuerdo ni cómo pasó, pero empezamos a besarnos y acabamos teniendo sexo. ¡Al menos yo ya tomaba la píldora! Él no vivía en Zaragoza, sino que iba en plan nómada con unos compañeros, pero cada vez que pasaba por la ciudad, que era a menudo, me visitaba y nos acostábamos. Llegó un momento en que la cosa se estabilizó de forma que se quedaba a dormir conmigo, en casa, en lugar de con sus amigos, si pasaban más de un día en la ciudad; incluso una noche se quedó un compañero suyo en otra habitación, así que se podría considerar que éramos pareja, aunque nada convencional. En cierta ocasión se lo presenté a mi madre y en otra a una amiga mía...

Por entonces mi hijo mayor tenía 7 años y yo llevaba muchísimo tiempo sola, sin salir ni tener sexo con nadie. Muchas veces me preguntaba que por qué este chico estaba conmigo, pero claro, era yo la que estaba a disgusto conmigo misma y con mi cuerpo. A él yo le gustaba mucho, según me decía, sobre todo mis piernas, algo que me llamaba mucho la atención. También le pregunté varias veces que por qué tenía esa relación conmigo y, una de ellas, supongo que ya harto, me contestó enfadado que "porque tenía coño", así que no se lo volví a preguntar más. A mí él me atraía muchísimo, tenía algo de animal, primitivo, aunque era muy inteligente. Me refiero a su energía sexual, a su piel, a cómo olía, a cómo se movía, a cómo follaba, ese tipo de cosa. Y tenía carisma, una simpatía y una sonrisa que me cautivaban. Me hacía reír y me explicaba su cultura sin hacer que yo me sintiese incómoda ni obligada a cambiar mis costumbres ni nada. Eso era importante para mí. Había cosas que me parecían raras, como que tuviese que ducharse/lavarse de una forma especial por el hecho de que yo fuese cristiana (por estar bautizada).

* * *

**En mi familia hay personas de varias religiones y credos diversos con sus cultos respectivos, así que me parece todo bien siempre y cuando haya comprensión y respeto. Yo no sigo ni practico ninguna, a excepción de ser lo mejor persona que puedo, y la máxima de "vive y deja vivir". Así que me puedes llamar agnóstica o atea, como prefieras, porque hasta para esto hay gente que se pelea, y a mí me da igual la etiqueta.**

* * *

Fue en esa época cuando empezó a nacer en mi interior una especie de necesidad imperiosa de volver a ser madre, una ansiedad por repetir la maternidad que cada vez iba en aumento. No es que mi reloj biológico hiciese "tic-tac", era diferente. Se convirtió en algo parecido a una obsesión por tener un bebé, por volver a sentir las emociones del embarazo, del parto, de coger a la criatura en brazos, darle el pecho, olerla, protegerla, darle y sentir su amor... y ahora tenía "pareja" con quien hacer realidad este deseo tan fuerte, intenso, hormonal.

**Ahora sé que la decisión que tomé/tomamos no fue la más responsable ni sensata teniendo en cuenta mi/nuestra situación, pero en aquellos momentos yo estaba segura de que sí lo era.** Cuando le dije que estaba embarazada se puso muy contento, y yo ni te cuento lo feliz que estaba, porque pensaba que las cosas iban a salir bien y que no estaría sola.

En verano él se fue a su país a visitar a su familia y recibí una carta suya, más o menos al principio de haberse marchado, diciéndome cosas como, por ejemplo, nombres de niña para el bebé, pero tras esa carta, silencio absoluto. Así que cuando pasaron dos meses más, y yo estaba ya de cinco, **fui consciente de que estaba sola con el embarazo**. Un gran palo personal y emocional porque yo esperaba compartirlo con él, al menos de algún modo, aunque no fuera común.

* * *

**Actualmente tengo claro que lo que sucedió era bastante previsible, pero yo era una yo todavía en construcción, así que para mí fue inesperado en aquellos momentos. Sentí muchísima rabia e impotencia porque yo no había tomado la decisión sola, al fin y al cabo, y estaba muy enfadada, a la par que hecha polvo, porque yo le quería también, y me sentí abandonada, traicionada, en muchos sentidos, no solo por el embarazo sino como mujer. Así que, esta vez con la ayuda de mi madre, comencé a "buscarme la vida" para traer a esta criatura al mundo de la mejor manera posible.**

* * *

La gestación y el alumbramiento fueron muy bien. Di a luz a un precioso niño de 4,150 kg y 53 cm de largo, el 27 de febrero de 1995. Me iban a haber provocado el parto ese mismo día, porque ya estaba de más de 41 semanas, pero comencé a tener contracciones yo sola a las seis de la mañana y nació a las once menos diez. Le pusimos de nombre Kevin Gabriel, como habíamos decidido mi madre y yo aquel día de la ecografía.

Era un bebé maravilloso, satisfecho, apenas lloraba, en menos de un mes tenía su rutina día-noche, muy curioso y despierto, no quiso chupete ni para dormir (solo mi madre consiguió que tuviese uno en la boca durante un par de minutos, más o menos), tomó pecho hasta casi los siete meses en que decidió de la noche a la mañana que ya no quería más (así que me quité la espinita que me había quedado clavada con el mayor), y siempre estaba contento. Eso sí, a los nueve meses comenzó a caminar, sin apenas gatear, y se acabó la tranquilidad...

* * *

Para mi primogénito no fue fácil asumir la llegada del "intruso", teniendo en cuenta, sobre todo, que habíamos estado solos unos siete años.
Cuando entró en la pre adolescencia, al poco de nacer su hermano, comenzó a hacer cosas raras y peligrosas que consideré que superaban lo que se podría denominar "llamadas de atención" por su parte. Siempre había sido un "Juan sin miedo", pero ahora lo que hacía ya podía traernos a él y a mí consecuencias graves, así que decidí pedir ayuda profesional y le llevé a un psiquiatra infantil. Le expliqué la razón por la que había acudido con mi hijo a la consulta y me pidió que le contara detalles del embarazo, de la infancia y de nuestra vida familiar. Una vez hecho esto me indicó que el niño necesitaba información sobre sus orígenes y que tenía que conocer a su padre. ¡Yo pensé que me daba algo! Le hice concretar más sobre eso y le dije que si sería suficiente con que lo viese físicamente, que no tendría que presentarles ni hacer que tuviesen relación entre ellos. **En principio con eso valía, y menos mal, porque estaba destrozada por dentro, después de todo por lo que había tenido que pasar sola, y me tenía que enfrentar a esa situación... pero por el bienestar de mi hijo haría lo que fuera necesario.**

Yo sabía a qué parque iba el padre biológico de mi hijo a pasear su perro todas las tardes, por lo que organicé el "encuentro" con una amiga mía y su hija, que era un par de años mayor que el mío. Cuando regresaron le pregunté sobre cómo había ido, que qué le había parecido y su respuesta fue: "Es muy feo", y he de decirte que me sorprendió mucho su respuesta, no me esperaba algo tan simple, tan natural, porque yo había sufrido mucho con todo ese proceso, pero era un niño y está claro que lo vivió de otra manera completamente distinta.

Llevé a mi hijo a la consulta del psiquiatra durante bastante tiempo, pero no parecía ayudarle demasiado. Mi hijo también me lo hizo saber. He intentado educarles en que sean responsables y consecuentes con sus decisiones; por eso hice que fuera él quien hablase directamente con su terapeuta, que le explicase los motivos por los que iba a dejar de ir, ya que era él mismo quien se resistía a volver, así que dejamos de acudir. Yo le apoyé en su decisión ya que fue madura, meditada y responsable dentro de la edad que tenía.

\* \* \*

Tuve suerte de tener cerca de casa un centro de Tiempo Libre que se llama CANTALOBOS donde llevé al mayor durante algunos años a realizar actividades con otros niños. Puede que no tuviésemos recursos económicos, pero hizo un montón de cosas, excursiones, talleres, que muchos con dinero quisieran haber hecho.

Los monitores también fueron de gran ayuda para él, y también para mí, en momentos en los que teníamos dificultades, o para echar unas risas de vez en cuando, que hacía falta.

Cuando Kevin tenía muy pequeño, acudí a Servicios Sociales debido a que había solicitado una vivienda del ayuntamiento en alquiler y no había salido agraciada en el sorteo. El piso en el que vivíamos, en el que llevaba siete años con mi hijo mayor, y ahora también con el bebé, ya no tenía las mismas condiciones de salubridad que al inicio: había infestación de cucarachas por una vecina mayor que vivía en el piso de abajo y tenía demencia, Síndrome de Diógenes, e iba dejando los pañales sucios por ahí, la instalación del agua se estaba degradando cada vez más y al no tener calefacción hacía demasiado frío para un recién nacido. Así que me dirigí a SS. SS. para ver qué se podía hacer. El NO ya lo tenía por lo que poco había que perder. Me hicieron miles de preguntas, entre otras, que, si me importaba la zona de Zaragoza, a lo que respondí que NO, que necesitaba un sitio sano y seguro para mis niños. Me explicaron que, en aquella época, por cada piso social del ayuntamiento que se quedaba vacío se presentaban tres expedientes de tres familias y que tenían que elegir entre uno de ellos. Que además lo tenía más complicado por ser una familia "tipo B", que requería dos dormitorios, y que debía pasar una entrevista en mi domicilio actual con una trabajadora social, para que evaluara si de verdad necesitaba ese piso subvencionado y con cuánta urgencia. También debería pedir una cédula de habitabilidad y un certificado de convivencia, así que la policía visitaría mi vivienda para hacer comprobaciones. Les comenté que hicieran lo que les pareciera, pero que mis hijos y yo teníamos que vivir en otro sitio en mejores condiciones.

Vino la trabajadora social y estuvimos hablando durante una hora y pico, le enseñé la casa, vio al bebé, etc., y me dijo que no me podía decir cuánto tardarían en decirme algo, pero que solían tardar unos meses, ya que dependía de que quedara un piso vacío y de lo que tardasen en resolver los tres expedientes. También acudió la policía como estaba previsto y aporté toda la documentación que me solicitaron. Yo no tenía muchas esperanzas, pero tampoco las perdí. El proceso de visitas y creación de mi expediente fue a finales de mayo de 1995.

A mediados de junio recibí una llamada de la trabajadora social que me preguntó si seguía interesada y le contesté que sí. Me dijo que habían resuelto los expedientes y que el mío era el elegido así que me debía mudar con mis hijos a principios de julio. ¡No me lo podía creer!¡Qué alegría! Llamé a mi madre para contarle la buenísima noticia y que, además, el piso estaba justo detrás de La Seo, al lado del Pilar. Estaba súper contenta.

Antes de mudarnos, me dieron cita para ver la vivienda, así que me dirigí con mis peques a la misma y quedé con el conserje responsable de la zona. Cuando abrió la puerta, entramos en la casa, nos la fue enseñando y llegamos al salón comedor, todo sin muebles, pero recién pintada, con calefacción de gas natural, un montón de agua caliente, bañera, unas vistas estupendas... no pude reprimir las lágrimas. El pobre hombre me miró y me dijo: "¡Pero señora, no llore!", y le respondí: "¡Pero ¡cómo no voy a llorar si vengo de casi una chabola a un palacio!". El piso donde estaba viviendo no era una chabola, pero en comparación casi lo era.

La mudanza fue una odisea porque los amigos que me podían ayudar estaban de campamento esos días o de exámenes y, además, yo le estaba dando el pecho a mi pequeño, así que mis hijos estuvieron durante dos días en casa de mi madre e iba cada dos horas a bajar muebles y cosas del piso para dejarlos en la entrada del edificio, con la esperanza de que no me robaran nada. Te comento que era un cuarto piso (casi un quinto) sin ascensor. Desmonté, bajé y volví a montar los muebles yo sola.

**Cuando estuvimos instalados, no me lo podía creer... Empezaba una nueva etapa. En la otra casa había sido muy feliz, pero se terminó. Había que seguir adelante y avanzar.**

Otra gran "casualidad": muy cerca de nuestro nuevo hogar se encontraba otro centro de Tiempo Libre. En este caso GUSANTINA, donde primero llevé a Isra y, cuando tuvo la edad suficiente, a Kevin. Disfrutaron y viví, vivimos, experiencias fantásticas con ellos. Son unos enormes profesionales.

\* \* \*

Al poco de mudarnos, dejé a mis hijos al cuidado de una amiga y fui al programa de Ana García Lozano que se llamaba "EL Diario de Ana" para hablar de cómo el chico marroquí me había dejado sola con el embarazo. Estaba dolida, enfadada, pero no solo con él, sino con el padre biológico de mi hijo mayor, por lo mismo.
Fui al programa para desahogarme, y me sentí muy bien al hacerlo; pero luego, pasado el tiempo, me he arrepentido, porque entonces era una chica ingenua y, como he cambiado bastante, me veo como si fuera otra persona y me da cierta pena. De todas formas, lo hecho, hecho está, y en aquel momento me sirvió.

\* \* \*

**Me sentía muy sola y pensaba que no me iba a querer nadie: por ser como era, por mi cuerpo, por tener dos hijos siendo soltera... Hay que ver cómo nos condiciona lo que pensamos sobre nosotros mismos. En cuanto empecé a cambiar esa visión sobre mí misma, las cosas comenzaron a cambiar de forma RADICAL y mucho más rápido de lo que podía haber imaginado.**

\* \* \*

Siguiendo con lo personal, mis hijos se llevaban fatal desde el principio. Había una gran tensión y agresividad en el ambiente cuando estaban juntos. Estaba muy preocupada por este tema porque temía que un día ocurriese una desgracia. El pequeño se dedicaba a "pinchar" al mayor y éste reaccionaba con bastante violencia. Yo tenía claro que el segundo quería llamar la atención de su hermano, aunque luego le pegase, y no sabía cómo resolver estas situaciones que cada vez iban en aumento y siendo más graves, fuertes, físicamente hablando. Se lo comenté a un psicólogo que me dijo que les dejase resolverlo entre ellos, que no interviniese, pero no me pareció la solución en el caso de mis retoños, dado el cariz de la situación, así que **de nuevo, pedí ayuda profesional**, y me concedieron el soporte de un educador que acudió a casa unas cuantas veces a echarme una mano con su educación.

La primera vez que vino fue sorprendente por la reacción que tuvo Kevin. Nos sentamos el educador y yo en el sofá del salón y comenzamos a hablar sobre el tema. El niño se acercó varias veces a interrumpir y me dijo que le ignorara, así que le hice caso. Lo que hizo mi hijo la siguiente vez que se vino hasta nosotros fue mirarle y ¡escupirle! Lógicamente me salió de dentro reñirle por lo que había hecho. Jamás le había visto comportarse de esa manera y menos escupir. No era su forma de actuar, en absoluto. Estaba claro que lo que fuera que estábamos haciendo funcionaba, por lo que seguí las indicaciones del educador a pies juntillas, cuya base era escribir la situación que se daba, cómo reaccionaban, lo que hacían ellos, lo que hacía yo y cómo me sentía, aunque no sirvió de mucho, más que para ser más consciente de la realidad de las circunstancias.

Como te contaba al inicio del capítulo, el mediano comenzó a caminar con nueve meses, pero el habla se le resistía. Mi madre y yo intentamos el bilingüismo, así que le hablábamos en inglés y en español indistintamente, nos entendía perfectamente, pero, con dos años y medio, apenas articulaba palabras inteligibles. La profesora de la escuela infantil lo derivó a la logopeda que nos dijo que debíamos separar los idiomas por persona: mi madre en inglés y yo en español, y así lo hicimos. Mejoró, pero aun así le costó bastante.

Otra cosa que fui observando es que no era capaz de estarse quieto, de hacer una misma cosa durante mucho tiempo, que le hablabas, te miraba durante un segundo, sonreía y salía corriendo, tan contento, sin prestar atención, no había forma de que diera la mano andando por la calle, con el peligro consiguiente (por lo que le llevaba con un arnés y correas, por su seguridad). La profe de la escuela infantil me decía que era un trasto, que no paraba y que no había manera con él. En casa era igual, pero dormía fenomenal y comía muy bien, pero yo sabía que había algo raro.

Cuando empezó Educación Infantil en el cole tuvo una profesora maravillosa, Pilar, que fue la única que vio eso "diferente" que yo notaba también. Me explicó que estaba leyendo cosas sobre cómo tratar a niños hiperactivos y le dedicó tiempo a mi hijo, pero está claro que hizo lo que pudo, dentro de sus posibilidades. En esos tiempos no se diagnosticaba el trastorno y mi niño no había ido al neurólogo.

\* \* \*

Poco después de su quinto aniversario, recibí una llamada inesperada de su padre biológico, después de varios años, diciéndome que quería hablar conmigo. Si no hubiese coincidido que ese día era mi cumpleaños y tenía las defensas emocionales bajas, seguramente le habría colgado el teléfono, pero en aquella ocasión no lo hice. Ya lo había intentado una o dos veces hacía muchísimo tiempo, cuando mi hijo tenía unos dos años, pero en cuanto escuché su voz, había colgado el auricular.

Me dijo que estaba en Zaragoza y quería que quedásemos para hablar. Acepté con la condición de ir yo sola a nuestra reunión y que fuese al día siguiente.

Nos citamos por la mañana en los alrededores del Palacio de la Aljafería. No quería quedar cerca de mi casa. Al principio no me reconoció porque había engordado algo, llevaba el pelo muy diferente, de un intenso color rojo cereza, y gafas de sol, pero una vez me las quité supo que era yo. Él estaba igual, aunque más ajado. Nos metimos en un bar a tomar algo. Estábamos muy nerviosos y yo, principalmente, a la defensiva.

Me dijo que quería contarme lo que había pasado cuando yo estaba embarazada, cuando regresó a Marruecos para pasar el verano en Oujda, con sus parientes. Sabía que la criatura que había tenido era un niño y que había estado en el programa de televisión de Ana, porque se lo había dicho una vecina del otro piso. Le expuse que fui a la tele porque necesitaba desahogarme y contar mi historia, que estaba muy enfadada con él, con el padre de mi hijo mayor, por dejarme tirada, y en general con los hombres, y que por eso lo hice.

Respecto a lo que ocurrió cuando se marchó a su país, me explicó que cuando llegó a su casa les habló de mí a sus padres, pero se opusieron a nuestra relación: le prohibieron totalmente estar con una mujer cristiana; sus padres le habían concertado un matrimonio de conveniencia con una chica musulmana virgen, pero él se negó a casarse con ella. Les dijo a sus progenitores que, si no podía vivir conmigo, no estaría con nadie más. Me contó que al poco tiempo su padre falleció y, como era el hijo mayor, se tuvo que hacer cargo de sus hermanos menores y de su madre, que también murió algo más tarde. Le respondí que me podía haber llamado o escrito para decírmelo y me dijo que no fue fácil para él, que no pudo. Que por eso intentó ponerse en contacto dos

años después, pero ya fue cuando yo le colgué. Había vuelto a España, ahora trabajaba en la agricultura y estaba pagándose una casita en Navalmoral de la Mata, Cáceres.
Le expliqué que para mí tampoco habían sido ni eran nada fáciles las circunstancias, que sacar yo sola a los niños adelante era muy difícil, aunque él ya sabía que yo era capaz de hacerlo. Estuvo de acuerdo conmigo.

Mientras hablaba con él, recordé lo que me dijo el psiquiatra de mi hijo mayor respecto del tema de las raíces y la importancia que tuvo que conociera a su padre biológico, así que le dije que si quería conocer al niño se lo presentaría.
Quedamos en vernos de nuevo por la tarde para tomar algo, cuando el niño hubiese salido del colegio, le hubiese preparado y hablado con él, para que no le resultase tan chocante, supiese qué íbamos a hacer y a quién íbamos a ver.

Terminamos nuestras consumiciones y me acompañó a la parada del autobús. A mitad de camino me sugirió que nos sentásemos en un banco a seguir conversando un rato. Una vez acomodados en uno, me cogió una mano mientras me hablaba y me eché a llorar. Me besó en la boca y no fui capaz de pararle. En lugar de eso, mi reacción fue seguir besándole y abrazarle.

**A veces me odio por ello, y trabajo en perdonarme, porque tengo una gran lucha interna entre lo que debería haber hecho y lo que hice como ser humano necesitado de amor y cariño. NO SOY PERFECTA, nadie lo es.**

Cuando le expliqué a mi madre lo que había hablado con él y que iban a conocerse, se asustó y lloró mucho, pero la tranquilicé diciéndole que no pondría en peligro al niño, a mis hijos, y que lo hacía porque pensaba que era lo mejor para él a pesar de que yo también tenía miedo. Aquella tarde mi hijo conoció a su padre biológico y lo pasamos muy bien. Sé que para el niño fue muy importante porque no le gustaba dibujar, y, sin embargo, hizo un dibujo en el colegio de su padre cogiéndole en brazos. La profesora escribió las palabras que dijo, que fueron algo así como que su papá era muy fuerte porque podía levantarle muy alto.
Ese día se marchó porque tenía que trabajar recogiendo cerezas cerca de Alcañiz, en Teruel, pero regresó en otra ocasión, aproximadamente un mes después. Ahora seguíamos en contacto, de vez en cuando, a

través de su móvil. Fuimos a recoger al peque al colegio y le hizo mucha ilusión que sus compañeros de clase conocieran a su padre, y se quedó a dormir aquella noche en casa.

Vino otra vez y fuimos con el niño a ver a unos amigos suyos para que le conociesen. De nuevo se quedó a pasar la noche. **Me di cuenta que estaba empezando a repetir el patrón de la relación que teníamos, pero yo no quería eso, al menos no igual. Tenía las cosas algo más claras, aunque estuviera muy falta de afecto. Y mis hijos eran lo primero para mí. Además, había ciertas reacciones y respuestas suyas que me estaban empezando a mosquear por lo que me puse en modo "alerta", y planeé descubrir si mi intuición era cierta o no.**

Unos días después de haberse ido, tras esa última visita, hablé con él por el móvil y le dije que, si pensaba seguir visitando y teniendo contacto con el niño, debía empezar a pasar dinero para su manutención; que los DOS éramos sus padres y teníamos que aportar ambos. Comenzó entonces a decirme que pare él no era fácil, a darme excusas y evasivas, hasta que fui valiente y le pregunté directamente: "Dime la verdad, ¿estás casado?". Se quedó callado unos segundos y me contestó: "Sí". Seguí preguntando:" ¿Y cuántos hijos tienes con tu mujer?", a lo que me respondió: "Dos". Rompí a llorar de rabia, de impotencia, por haberme dejado manipular de esa manera, pero me recompuse y le dije: "Eres un cabrón por haberme mentido y por haberme hecho daño otra vez. Para nosotros estás muerto. No vuelvas a contactar con nosotros ni a buscarnos nunca más. ¿ESTÁ CLARO?". Y colgué el teléfono. Desde entonces nada más.

Mi hijo tiene esta información y no quiere saber nada de su padre biológico. Yo tampoco quiero saber nada de él, cada uno con su vida. Se acabó.

*  *  *

Cuando Isra tendría unos 13 años, le llevé al médico porque mantenía muy a menudo un comportamiento agresivo. Me explicó que llevaba la pubertad adelantada, que tenía un exceso de testosterona y le recetó unas vitaminas. Aquello fue todo.
Por entonces ya tenía dificultades de relación con algunos compañeros, y poco a poco se fue convirtiendo en el "malote" del instituto, por

lo que cada dos por tres me traía a casa partes graves de comportamiento por el mismo motivo. Ya se peleaba con regularidad.

* * *

En 2001, cuando JC y yo tomamos la decisión de convivir juntos, tuve una conversación muy tranquila, pero seria, con mi hijo Isra que ya tenía 14 años, en la que le expliqué que conocía la etiqueta de "matón" que se había labrado en su instituto de Zaragoza, y por qué la tenía. Le razoné que ahora nos íbamos a otra ciudad donde no le conocía nadie, donde podía empezar desde cero, y que tenía la suerte de poder decidir qué hacer: si seguir con la misma actitud, o ser listo (como era) y aprovechar la oportunidad que le ofrecía la vida para ser él mismo, hacer buenas amistades y crearse una buena reputación. El chico fue inteligente e hizo lo mejor para él. Se hizo muy popular en el centro, apenas tuvo altercado alguno, todo el mundo le apreciaba y conocía (profesores y alumnos), incluso estuvo trabajando un tiempo en la cafetería para sacarse un dinerillo. Aparte de eso se apuntó a un equipo de baloncesto e incluso ganaron algún trofeo, por el que se sintió muy bien. Yo estaba muy orgullosa de él.

Siempre lo he estado y lo estaré. Es inteligente, sensible, cariñoso, divertido, creativo, habilidoso con las manos: dibuja y pinta fenomenal, entre otras cualidades, tiene un "algo" especial para la música (esto le viene de familia), de hecho, fue a clase de guitarra y batería, pero toca también otros instrumentos, aparte de que tiene buena voz y oído. Es un verdadero amigo, la amistad es algo muy importante para él y, muy fiel a sus seres queridos.
Le encantan los animales, sobre todo los perros, pero monta a caballo también. Le gusta practicar todo tipo de deportes y es muy activo.
Chocamos en que él es muy conservador, tradicional y yo no, más bien lo opuesto. Quizá le habría gustado tener una madre diferente, pero yo soy como soy, y le quiero con mi vida, pero soy yo. He modificado muchas cosas a lo largo de mi existencia, pero mi esencia sigue siendo la misma.
Una cosa que ha heredado o aprendido de mí, no lo tengo muy claro, es la tendencia al perfeccionismo y a pretender que los demás también sean/seamos perfectos. Esto hace SUFRIR mucho. Lo sé por experiencia. Por eso repito tanto lo de NADIE NI NADA ES PERFECTO, para que se me quede bien grabado en la mente, porque es una verdad fundamental.

Siempre se sintió muy protector respecto de mí y de sus hermanos, demasiado, a mi parecer; algo más heredado de mí: la "Responsabilitis". Una cosa es que le pidiese que cuidase de su hermano, y otra diferente que tomase ciertas responsabilidades de "padre", aunque le entiendo.

Me gustaría que algún día ocurriese con mi primogénito y conmigo como sucedió con mi madre: que seamos capaces de resolver nuestras diferencias. No pido tanto como con ella, que acabamos siendo las mejores amigas, pero al menos tener una relación cordial y comprensiva. Creo que nos haría mucho bien a todos. Mi puerta, mi mente y mi corazón siempre van a estar abiertos, como él ya sabe.

* * *

Respecto a Kevin, cuando nos mudamos a Madrid, el cambio de colegio fue un desastre, para él y para nosotros. En el centro no tenían ni idea de cómo tratar ni ayudar a un niño como el mío, y cada dos por tres me llamaban para que fuese a hablar con la directora. Yo hacía lo que podía, con la ayuda de JC, pero, como les dije, yo no podía estar en plan sargento en el centro, vigilándole, sino que mi trabajo ya lo hacía con la educación que le dábamos en casa. Menos mal que conseguí reunirme con el psicopedagogo del centro, que le hizo unos test. Con ellos fuimos al Hospital Clínico, al neurólogo infantil, que, tras hacerle unas pruebas, le diagnosticó TDAH (Hiperactividad) del Tipo Combinado. Por fin alguien confirmaba lo que yo llevaba años diciendo pero que, en cambio, me respondían: "es un niño muy nervioso", "es un niño muy inquieto", "está muy maleducado", no saber qué hacer con él y no querer salir con él a ninguna parte a no ser que fuese al campo, al aire libre, porque no lo sabíamos, podíamos controlar. Él era muy feliz por su parte, en su mundo, aunque no hacíamos más que regañarle en casa, en el colegio, etc., porque no paraba y hacía cosas extravagantes, pero estaba siempre contento. Por otra parte, no tenía amigos ya que no había manera de que nadie le aguantase mucho tiempo.

El especialista nos dijo que, para empezar, le diésemos café y refrescos de cola CON cafeína, cosa que nos sorprendió mucho porque parecía justo lo contrario a lo que habríamos dado a un niño como el nuestro, pero nos explicó que los niños con TDAH tienen los receptores del cerebro cambiados: los excitantes les relajan y los relajantes les excitan. También aprendí que estos niños suelen ser bebés maravillosos, como lo fue el mío, tranquilo, feliz, y muy curioso e inteligente. Otra cosa que me alegró saber era que mejoraría mucho su situación

personal, motora y psicológica, a partir de la adolescencia, con el cambio hormonal.
En aquella época, con 7 años, a pesar de su deficiente rendimiento escolar, su cociente intelectual era de casi 120.
Comenzamos con café y refrescos de cola, pero esto creaba muchos conflictos con su hermano mayor, ya que el pequeño le fastidiaba todo el tiempo con el tema, así que decidimos, junto con el neurólogo, empezar a medicarle con CONCERTA. He de decir que se notó una gran mejoría y que el niño parecía otro: se podía hablar con él y te escuchaba mirándote a la cara, comía sentado a la mesa desde el principio hasta el final, realizaba actividades de más de un cuarto de hora seguido, se sentaba contigo a hablar y contarte cosas, hacía dibujos con explicaciones sobre lo que dibujaba, empezó a mejorar su rendimiento escolar y había mucha más tranquilidad en general en casa.
Con casi 17 años me dijo que quería dejar de tomar la medicación, cuya dosis habíamos ido aumentando progresivamente, porque decía que se sentía "gilipollas" cuando la tomaba y tenía algunos efectos secundarios como "tics" motores que le molestaban bastante. Lo negociamos y le dije que la pastilla era una AYUDA, pero él era el que realmente tenía que controlarse y modificar su conducta impulsiva: que si se mantenía bien sin la medicación le permitiría dejarla del todo pero que, si no, tendría que volver a tomarla. Esa fue la decisión que negociamos y la dejó de tomar del todo. Hasta hoy, que tiene 22. También estoy muy orgullosa de él.

También es muy inteligente, cariñoso, sensible, responsable, divertido hasta decir basta, con un gran afán de superación, muy trabajador, fantástico amigo, y buen compañero. No ha terminado sus estudios de la E.S.O. (aunque estoy segura de que lo hará en algún momento de su vida) pero eso no le ha impedido hacer cursos de varias temáticas como de camarero, logística y almacén, carretillero... y trabajar de comercial, cajero-reponedor y de mozo de almacén con mucho éxito. Por donde va deja huella porque se hace querer: es muy nervioso, pero de gran corazón y siempre quiere hacer las cosas bien, superarse y ayudar.

Le interesa también la psicología humana. Hablamos muchas veces de cosas relacionadas con el tema: el lenguaje no verbal, la motivación, las diferentes maneras de resolver conflictos...
En la actualidad vive en Holanda trabajando en temas de logística, que es lo que más le gusta y, en todos los sitios donde ha estado le dan la enhorabuena por su trabajo y por ser como es. Con 22 años está fe-

nomenal, aprendiendo mucho, abriendo su mente, aprendiendo idiomas y con planes de futuro, como su idea de irse a vivir y trabajar a Australia dentro de un tiempo. Estoy segura de que, si de verdad lo desea, lo conseguirá.

Hace unos años estaba muy encerrado en sí mismo y no te contaba sus cosas u opiniones a no ser que le preguntases, pero actualmente eso ha cambiado y tenemos una relación de confianza que me encanta, hablamos de todo sin tabúes de ningún tipo, y es genial.

Es consciente de sus limitaciones, pero a veces se agobia demasiado por ello, se preocupa mucho. Le produce bastante ansiedad el futuro, no tener dinero o recursos para subsistir, pienso que por ciertas situaciones que vivimos en el pasado, y se esfuerza mucho por ser económico, ahorrar y no derrochar. Pero tampoco es un avaro ni nada parecido.

Sigue siendo algo disperso, pero nada que ver con su infancia; es muy desordenado con su habitación y sus trastos, pero lo es mucha gente, así que esas cosas no me preocupan más que lo imprescindible para la convivencia.

* * *

Aunque me hice la ligadura de trompas un año después del nacimiento de mi hijo Kevin, tengo una "mini yo" en mi vida, como ya te conté; la personalidad de Ana, mi princesa guerrera es muy fuerte, y mantengo con ella una relación muy especial.

Me puse de parto un 9 de agosto, sobre las cinco de la tarde, en la finca de JC, un día lluvioso de verano. No quería que naciese ese día, porque es el cumpleaños de mi padre y yo prefería que mi hija tuviese un día especial propio, diferente del resto de la familia. Llamamos a mi progenitor desde una cabina del pueblo, bajo la lluvia, para felicitarle, cuando veníamos de camino a Madrid, porque yo ya tenía contracciones cada diez minutos, pero no le dijimos nada.

Jamás olvidaré su olor, su aroma a recién nacida, a humana, a ella... yo que sé.

Nació el día 10 a la 01:25 am y, como le he contado esta historia muchas veces, mi hija dice muy orgullosa: "¡Ves mamá! ¡Yo fui muy obediente y te hice caso, que esperé hasta el día 10 para nacer!", y yo le respondo que "¡Por supuesto!¡Así tienes tu propio día de cumpleaños!"

Pesó 3,950 kg y midió 52 cm, y a diferencia de sus hermanos, nació casi sin pelo y muy rubita, con los ojos azules. Una niña preciosa. Cuando nos la dieron más tarde, envuelta como un gusanito, con un gorro, para que no perdiese calor, me la puse boca abajo sobre mi torso desnudo, y ella sola fue arrastrándose por mi vientre hasta que se enganchó, casi sin ayuda, a mi pecho izquierdo, y se puso a mamar. Aprovechamos ese momento para llamar a los niños, a la familia cercana y darles la buena noticia, mientras la pequeña estaba plácidamente unida de nuevo a mí.

Estuvimos menos de 24 horas en el hospital. Después de haberme pegado casi un mes ingresada durante el embarazo, quería irme de ahí cuanto antes. La niña estaba bien y yo también, había sido parto natural sin epidural ni llevaba puntos, así que nos dejaron marcharnos a casa.

Te voy a contar una anécdota para que te vayas haciendo una idea de la personalidad tan marcada de mi hija, ya con unas pocas horas de vida, todavía en el hospital: la pequeña lloraba de hambre porque yo, lógicamente, solo tenía calostro en los pechos, hasta que me subiera la leche madura, y mi hija era un bebé grande, así que la pediatra del centro indicó que se le diera un biberón de leche maternizada para que se calmase un poco. Lo trajeron, pero no hubo manera de que se lo tomase, prefirió seguir con hambre a meterse la tetina en la boca y beberlo. Y continuó así. Nunca usó chupete, de ninguna clase, ni hubo manera de que tomara biberón alguno: pasó del pecho a la cuchara y a vaso de agua con tapa de aprendizaje. Así es mi niña, con las ideas muy claras.

Mi hija siempre ha sido muy inteligente, curiosa, intelectualmente inquieta. Aprendió a hablar relativamente pronto y le costó aprender a andar algo más que a sus hermanos. El hecho de ser capaz y expresarse con facilidad desde muy pequeña fue algo que la ayudó mucho cuando me separé de JC, ya que exteriorizaba si estaba triste, alegre o enfadada. Me lo comentaron también en la guardería nueva, en Sanse.

Ana es una niña secundaria, con un gran mundo interior. Es muy diferente a sus hermanos, que han sido mucho más primarios y físicos, aunque también tengan vida interior, como su hermana. Te pongo un ejemplo: con ocho años, cuando la fui a sacar del baño, me dijo un día: "Mamá, a veces me parece que la vida que vivo es como si fuera un sueño". ¡Toma ya! A ella no la puedes gritar o subir mucho la voz para regañarla o corregirla si ha hecho algo mal, porque se bloquea. Cuando era muy pequeña se dedicaba a gruñir y hacer ruidos como un animalito y dejaba de hablar, era desesperante. La estrategia con ella es razonar, explicar la situación y, si procede, negociar, corregir, etc., pero sin levantar la voz, aunque sí usando un tono autoritario.

Suele, o, mejor dicho, tendía a tener una visión negativa y dramática de las cosas y la vida; cuando está conmigo la educo/educamos en una visión positiva del mundo; que siempre se puede sacar la parte buena de las situaciones. Y cuanto más madura, mejor se está haciendo en esto. Incluso está trasladando nuestras "lecciones" a su entorno de clase y amigos usando estos aprendizajes como "laboratorio de vivencias", y como ve que funciona, lo vamos comentando y se la ve mucho más feliz.

Es muy presumida y bastante pudorosa. El lado coqueto lo ha debido heredar de sus dos abuelas porque yo no lo soy. Tiene una cosa en común con mi hermana tercera y es que, se ponga lo que se ponga, aunque sea un trapo de cocina, le queda bien, con estilo. Y encima es muy fotogénica, la cámara la quiere, aparte de la belleza y encanto naturales que ya posee :)

Ana es también extremadamente cariñosa y necesita de la aceptación/aprobación de los demás, pero es consciente de ello y lo hablamos/trabajamos así que también lo lleva mejor, así como el tema de la frustración por la competencia porque es muy competitiva, pero ahora que le hemos explicado cómo funciona el sistema educativo que intenta que todos se midan y estén en un nivel igual, está mucho más relajada, motivada y tranquila. Es muy buena estudiante y quiere sacar siempre buenas notas, pero le gusta el mero hecho de aprender, es intelectualmente inquieta, curiosa.

Una cosa que ha heredado de su padre es la hipocondría: el tema de su salud y la de los demás le preocupa en exceso, así que le hemos explicado que es algo que ha de interesarle, pero no generarle ansiedad, e intentamos que le quite importancia al asunto.

Ana es una gran persona, dentro de un cuerpo pequeño, que se está desarrollando a gran velocidad. Está haciendo enormes esfuerzos para adaptarse a los niños, compañeros y sistema que tiene alrededor que no están preparados para ella, que está más avanzada y madura, pero, como le hemos dicho mi pareja actual y yo, nosotros nos vimos en esa misma situación, así que hablamos mucho, y ella se siente libre para expresarse, comunicarse, y la tratamos a su nivel, por lo que se nota que siente un gran alivio. También me siento muy orgullosa de mi hija.

* * *

**Creo que para no haber tenido unos modelos familiares y educativos positivos de los que aprender, ni una vida ni experiencias como referentes en los que apoyarme, puedo decir con una inmensa satisfacción que tengo TRES HIJOS FABULOSOS y que soy UNA MADRE MARAVILLOSA**, aunque no soy perfecta, porque, vuelvo a repetir, aunque me llames pesada: **NO TENGO QUE SER PERFECTA**, ni tú tampoco.

**AMO A MIS HIJOS**, punto. Da igual que sea una persona convencional o no; el hecho es que lo que hago es por amor y buscando lo mejor para ellos y para mí.

Mi máxima como madre y lo que les digo siempre es: lo importante es que sean lo mejor personas que puedan y que sean felices. Si tienen recursos como seres humanos serán capaces de resolver las dificultades que se les presenten en la vida, cada uno a su modo, con su personalidad, así que les estoy preparando para ello, para la independencia.

Con una de mis psiquiatras, estuve analizando aquel deseo tan brutal e intenso que tuve de volver a embarazarme, que hizo que ignorase toda lógica y desoyese cualquier pensamiento que me intentase apartar de mi loca idea de volver a ser madre, en ese período de mi vida y con esa persona, a pesar de saber, en lo más profundo de mí, que era un error. Me refiero al embarazo de Kevin. Para ayudarme a encontrar mis respuestas me preguntó por qué significa para mí la maternidad, porque es un concepto bastante personal, y esa fue la clave que me orientó. En mi caso concreto, la maternidad es el **AMOR INCONDICIONAL BIDIRECCIONAL**, para mí como madre, para toda la vida y, por parte de un hijo, al menos los tres primeros años, como mínimo. Y eso es lo que necesitaba; por ejemplo, estabilidad y normalidad con mi pareja, que

era una irrealidad nada convencional, mi hijo ya tenía siete años y era más independiente, empezaba a vislumbrar cierta luz personal pero no terminaba de encontrar mi camino... Mi cerebro primitivo, el reptiliano, el que funciona de forma emocional, aprendida y automática, pudo por encima de la corteza prefrontal, el razonable, sensato y responsable. Esto no es una excusa, es una explicación a un comportamiento que yo no era capaz de justificarme. Hasta este momento, que encontré la respuesta, gracias a la ayuda de mi terapeuta. Otro nuevo aprendizaje que me hace sentir mejor conmigo misma, porque, al fin y al cabo, no soy tan bicho raro. Esto es algo que ocurre con mucha más frecuencia de lo que parece.
**Conozco más casos, ¿y tú?**

En este capítulo hablo sobre mis tres tesoros y, al hilo de la maternidad quiero dejar patente y manifiesto mi desacuerdo con una forma de violencia muy fuerte que se ejerce sobre todo hacia las mujeres, pero solo sobre ellas, y es la manía que tienen muchas personas de establecer que las mujeres HAN de ser madres, sí o sí. Y de ejercer una gran presión sobre quien no lo es, sea por decisión o por impedimento físico o psicológico.
Está claro que nuestra sociedad proviene, antropológicamente hablando, del modelo de "familia extensa" que procuraba tener un gran número de hijos para que hubiese más "manos", pero ya no es así. Las mujeres no estamos obligadas a procrear por el hecho de tener órganos reproductivos, y lo mismo respecto de los hombres.
Quizás pienses que estás mostrando atención o empatía a una persona, pareja, preguntándole que a qué espera para tener hijos, que, si se le va a pasar el arroz, y otras muchas de esas frases y cuestionamientos que no creo sean bienintencionados en la mayoría de los casos. Y es que hay que ver lo que nos gusta meter un dedo en la llaga (mientras no sea nuestra, claro).
Puede que esas personas NO PUEDAN tener hijos y no lo quieran ir difundiendo por ahí, que sea un sufrimiento, o bien que quieran

un mundo mejor para ellos que para lo que ven a su alrededor, o por los motivos que sea, y decidan NO ser padres.
Las mujeres, hombres, las personas, en general, somos seres "pensantes" y por lo tanto con CAPACIDAD DE DECISIÓN, en mayor o menor medida.
Personalmente prefiero que alguien decida no tener hijos a que se tengan y no se les eduque, se les maltrate, etc.
A veces, mi pareja y yo hablamos de este tema. Tenemos ideas bastante diferentes: según él, si no tenemos hijos, nuestra cultura será barrida por otras demográficamente más jóvenes y numerosas. Yo opino que lo que deberíamos es trabajar por defender nuestra cultura para evitar que se pierda, pero los humanos somos animales, al fin y al cabo y creo que, hasta que ya no quepamos en la tierra, se seguirá con la cuestión de tener hijos porque tenemos órganos reproductores.
¿Tienes opinión al respecto?

## 24. EL OSITO

Mi ex-marido y yo nos conocimos chateando en el IRC Hispano en febrero de 2007, cuando yo acababa de separarme de JC, el padre de mi hija. Inicialmente queríamos ser únicamente amigos, o follamigos, como lo quieras llamar.
Él vivía en Santander con sus padres y yo, ocho años mayor que él, en Sanse (como llamamos familiarmente en Madrid a San Sebastián de los Reyes) con mis hijos mediano y pequeña. Como es árbitro nacional de hockey hierba, venía muchos fines de semana a la provincia, y como además se llevaba muy bien con los niños, se quedaba en casa, compartiendo los gastos.

Él es ingeniero de sistemas informáticos y quería encontrar un puesto en Madrid, que era uno de sus sueños; en Santander trabajaba como asesor financiero en una empresa de seguros, pero esa no era su verdadera profesión. En abril me pidió permiso para quedarse en mi casa unos días, hasta que encontró trabajo en una consultora informática y una habitación en un piso compartido en una calle paralela a la mía, así que nos veíamos muy a menudo.

Como te dije, nuestra relación e intención era la de ser simplemente amigos "con derecho a roce", así que, aparte de tener sexo, nos hacíamos compañía, nos ayudábamos, y poco a poco fuimos afianzando nuestra amistad y conocimiento mutuos, así como con los niños.

Me sentía muy cómoda con él porque es bisexual: siempre le he llamado "Osito" porque, aparte de ser un oso dentro del argot del mundo gay, es un hombre extremadamente cariñoso y "achuchable". Supo desde el principio que yo también soy bisexual, Poliamor y que deseaba tener una relación, a poder ser estable, con una mujer.

Otra cosa que me hacía sentir muy bien con él eran sus gustos físicos: él decía que prefería el 100-200-300 al 90-60-90 en lo referente a la talla, así que yo encajaba perfectamente en su estándar de belleza femenina. De hecho, cuando nos conocimos en el canal #sexo del mIRC entró diciendo: "Buenas tardes, ¿alguna gordita en el canal?"; más claro, agua.

Sexualmente hablando nos complementábamos fenomenal porque, entre otras cosas, hablábamos, éramos creativos y abiertos de mente. Pasado cierto tiempo, acabamos teniendo una relación BDSM en la que yo era su Dominante y él mi sumiso. Él tiene ya una forma de ser sumisa de por sí, pero poder desarrollar mi faceta de Ama "in situ" y no online, fue muy enriquecedor y divertido, al menos al comienzo.

Le presenté a mi madre y a una de mis hermanas en la primera ocasión que coincidió que estas vinieron de visita, y él a su vez me presentó a su familia en agosto de 2007, en que viajamos a Santander juntos por primera vez. De todas formas, él ya se había llevado a mi hijo Kevin unos días con él, allí, en julio, y se lo pasaron estupendamente. La relación entre todos era muy buena y fluida.

Un fin de semana de aquel noviembre, me di cuenta de que me estaba empezando a enamorar: aunque no soy una mujer celosa, tuve un arrebato de celos una vez que quedó con un follamigo suyo y aquello me dio la clave. Me quedé hecha polvo porque habíamos quedado en que seríamos solo amigos con derechos, y estaba convencida de que me iba a rechazar. Me puse tan nerviosa que, estando sola en casa, tuve una crisis de ansiedad tan fuerte que acabé llamando una ambulancia: me mareaba y estaba a punto de desmayarme. Me había subido la tensión a 20/14, me pusieron una pastilla debajo de la lengua para bajarla y me inyectaron Valium para tranquilizarme. Cuando se marcharon, y él se pasó por casa preocupado, tras jugar un partido de hockey (le había dejado un montón de llamadas perdidas en el móvil), le expliqué, llorando como una Magdalena, que me había puesto así de los nervios y que la razón era que "la estaba cagando", que me estaba enamorando de él a pesar de nuestro pacto. El se echó a llorar también y me dijo que sentía lo mismo por mí, pero que si lo necesitaba se marchaba, a lo que respondí que lo que quería era que se quedara, que estuviésemos juntos, así que nos abrazamos y nos desahogamos. Mi hijo mediano, que acababa de regresar a casa y nos vio de esta guisa, nos preguntó que qué nos pasaba, así que le explicamos que nos queríamos mucho, a lo que el niño nos contestó: "¡Ahhh, eso ya lo sabíaaa...!", y no tuvimos más remedio que reírnos por la ocurrencia. Después, hablando más tranquilos, decidimos que seguiríamos manteniendo una relación abierta.

\* \* \*

En abril de 2008 yo cambié de trabajo y él en mayo. Los dos con contratos indefinidos y con sueldos aceptables. Se daba además la circunstancia de que le caducaba el contrato de alquiler de la habitación del piso en julio; estuvimos de acuerdo en que, ya que teníamos una relación estable y pasábamos la mayor parte del tiempo juntos, era lógico que compartiésemos nuestras economías y viviésemos juntos. Comenzamos nuestra vida en común, oficialmente, a finales de mayo de 2008.

El osito me había propuesto que nos casásemos a pesar de que sabía que yo no era partidaria; de hecho, en mi familia me llamaban "anti matrimonio". Había querido casarme con JC por motivos legales y de protección, no por que creyese en la institución. Siempre dije que "no puedo prometer a alguien que lo voy a amar para toda la vida", como mucho puedo prometer que lo voy a intentar. Me hizo la propuesta varias veces, incluso me dijo que podía esperar el tiempo que yo necesitase, meses, años... Me explicó lo que suponía para él, para nosotros y para los niños que estuviésemos casados: mi hijo mayor ya tenía su vida hecha, era mayor de edad, independiente y con un trabajo estable. Mi hija está amparada, si ocurriese la desgracia de yo faltase, ya que tiene a su padre. Mi hijo mediano era el que más le preocupaba, ya que, aunque nosotros hubiésemos vivido juntos toda la vida o hubiésemos sido pareja de hecho, si nos hubiese pasado algo a alguno de los dos, el chico estaba completa y legalmente desamparado, mientras que, si nos casábamos y estábamos oficialmente juntos, como quería adoptarlo como hijo suyo, el proceso sería mucho más fácil. Y además estaba el tema del amor que nos profesábamos.

Estuve reflexionado sobre todo ello, pero no estaba segura. Por otro lado, mi madre le adoraba, por cómo era, por cómo nos trataba a mí y a los niños y me insinuaba, de vez en cuando, de manera indirecta, que era hora de "sentar" la cabeza y que él parecía la persona idónea.

La relación con el osito iba viento en popa: nos amábamos mucho, nos comunicábamos bien, hacíamos casi todo juntos porque nos gustaba (no por obligación), teníamos la apertura en la relación por la que no había secretos y nos contábamos las cosas, teníamos muchos gustos comunes, el sexo estaba muy bien, a ratos era mi sumiso y, en general, nos divertíamos bastante. Se llevaba fenomenal con mis tres hijos (hasta con el mayor, que era el más complicado) y se había ganado a mi madre. Empecé a pensar que era el hombre de mi vida, y que seríamos capaces de resolver las cosas importantes que nos separaban: su inmadurez emocional y algunos incidentes económicos por su parte, y mi alto nivel de exigencia general y mis dificultades emocionales sin resolver por la mía.

Ver la muerte de cerca, sin ya desearla, con el tema del riñón, también me hizo plantearme ciertos aspectos de mi existencia, sobre mis hijos principalmente, que ayudaron, junto con todo lo anterior, a que decidiera aceptar su propuesta de matrimonio, y porque de verdad pensé que sería para toda la vida. Estaba muy enamorada y segura de lo que estaba haciendo en aquellos momentos, así que busqué en internet los trámites para casarse por lo civil en el Ayuntamiento de San Sebastián de los Reyes, los imprimí y los guardé en casa esperando la ocasión perfecta para enseñárselos a él.

La primera idea que tuve para decirle que "sí", fue la de hacer un anillo con un alambre de esos que van recubiertos con una banda de plástico de color, con los que se cierran los paquetes de pan de molde y, una vez que estuviésemos solos y le hubiese pillado sentado en el sofá, me iba a haber arrodillado con el anillo en la mano y le hubiese formulado la famosa pregunta de: "¿te quieres casar conmigo?". Sé que le habría encantado, porque siempre me tachaba de poco romántica... y es verdad que no lo era. De hecho, un amigo, tiempo atrás, me definió como "romántica de 1 minuto"; como me hizo gracia, cuando conocía a un potencial amante, le daba esa definición sobre mí misma para que supiese cómo era :). Pero finalmente hice un cambio rápido de planes debido a las circunstancias...

Mi madre había pasado ese fin de semana con nosotros y la llevamos a Madrid, a la estación de Atocha, de regreso a Zaragoza. Como era un domingo por la mañana y aún faltaba bastante para la hora de comer, decidimos pasarnos por el Starbucks que había en el Megapark de Sanse (ya no existe) a tomarnos algo. Era algo que solíamos hacer porque nos gustaba el café, el ambiente y la música. Debimos estar como hora y media, más o menos, muy tranquilos y a gusto, sentados en dos sillones, charlando y escuchando a "The Doors", y música de ese estilo, que nos encantaba.

Al llegar a casa, entre el hall y la cocina, de pie, me abrazó, me besó y me dijo al oído: "¿Sabes un secreto? Te quiero". Así que me lo puso "a huevo", como se suele decir, y le repliqué a su oído: "¿Sabes otro secreto?". Me giré, saqué los papeles para tramitar el matrimonio del cajón del mueble de la entrada y se los di. Me miró, se echó a llorar y me dijo: "¿De verdad?". Y le contesté que sí, pero que no quería un bodorrio sino una boda íntima, con la familia y ya está. Esto debió suceder a finales de junio o principios de julio de 2008. Decidimos que nos casaríamos el 7 de marzo de 2009, por la mañana.

* * *

En aquel tiempo fue cuando, tras insistir a mi médico de cabecera, conseguí que me derivara al urólogo y, ¡por fin!, se descubrió que mi riñón izquierdo estaba infectado, destrozado, parecía un coral de piedra y que ME LO TENIAN QUE EXTIRPAR. Llevaba muchos años (desde finales de la adolescencia) diciendo a los distintos médicos de familia que me llevaban que tenía muchas infecciones de orina recurrentes, pero, como había sido madre muy joven, soy mujer, tengo mucho flujo de manera habitual, y no tenía los síntomas normales de cistitis o fiebre, lo que hacían era recetarme algún medicamento para la infección y punto. Desde siempre (lo aprendí por mis hermanas, que tuvieron infecciones también) bebo mucha agua, no me aguanto el pis, mantengo la higiene correcta y llevo ropa interior de algodón, así que ya tomaba las precauciones necesarias para evitarlas. De hecho, tengo una costumbre desde bastante jovencita: cuando salgo de mi casa, o de casa de alguien conocido, o algún otro sitio, ya sea un bar, un restaurante, un organismo público, que tenga WC público, voy a hacer pis, aunque no tenga muchas ganas, porque no sé cuánto tiempo voy a estar sin estar cerca de otro aseo y sé, bueno, sabía, que, si aguantaba mucho las ganas, acababa por generar una infección. Yo sabía que la tenía por el olor de la orina, por el cansancio y, al final, por el color de la misma, que ya terminó siendo verde.

Cuando me dieron el diagnóstico tuve una reacción doble: por un lado, alivio, pero por otro fue un mazazo porque perder un riñón no era ninguna tontería. Me hicieron muchísimas pruebas, y el derecho está sano. El enfermo debía tener una malformación en la zona donde se unía al uréter y por eso fue haciendo las piedras, que, año tras año, lo convirtieron en un "coral". Podía haber muerto por esta razón, o en la operación, o si no me hubieran terminado haciendo caso, por la gravedad del asunto, así que me asusté mucho. Aproveché también para ir al notario y hacer mi "testamento vital" y dar las instrucciones sobre lo que hacer en caso de que las cosas no saliesen bien. Además, me informé, la solicité, y ya llevo siempre conmigo mi tarjeta de donante de órganos.

Me operaron el 24 de noviembre de 2008 y todo salió fenomenal. Vivo solamente con mi riñón derecho, que funciona como un reloj, y llevo una vida completamente normal, ya sin infecciones de orina. ¡Qué alivio! En tres días me dieron el alta y en 21 regresé al trabajo ya que en casa me aburría sobremanera.

* * *

Hubo un suceso trágico que marcó mucho al osito: el día 15 o 16 de julio ingresaron a su madre en el hospital de Valdecilla (Santander) porque no se encontraba bien, y falleció el 6 de agosto de un cáncer de hígado mientras estaba con su hijo. Habíamos viajado hasta allí porque sabíamos que estaba muy mal. Los días previos a la muerte, el entierro y los problemas posteriores con su familia fueron muy duros, y no sé si ha conseguido superarlos aún. Y el mes de noviembre siguiente fue mi operación...

* * *

Seguimos adelante los preparativos de la boda y ese día lo pasamos genial. Fue especial por muchas cosas, no solo por el hecho del compromiso con la persona que amaba: logré que viajasen a España todas mis hermanas, y la mujer de mi padre. Todos los invitados a la boda se alojaron en un hotel que había a unos 150 metros de casa, en Sanse. Celebramos el banquete para almorzar y un buffet para cenar en el mismo.

Hacía 21 años que no estábamos reunidas mi madre con sus 4 hijas, todas juntas. Ese era un regalo especial que quería hacerle a ella y sé que fue muy feliz esos cuatro días (a pesar de que el enfisema y los nervios les hicieron un poco la puñeta a ratos) en que pudimos disfrutar de nuestra compañía mutua, con alegría, cada una con nuestra vida, pero en armonía, contentas, sonriendo, compartiendo cosas, risas, momentos de complicidad inolvidables.
También fue la primera ocasión en que nos juntábamos las dos madres con las 5 hermanas. Mi padre no vino a la boda excusándose en que su espalda no le permitía hacer ese viaje tan largo; mucho después me confesó que no estuvo para no incomodar a mi madre.
Mi hijo mayor fue mi padrino, fui con él del brazo en el ayuntamiento y me sujetaba fuerte durante la ceremonia. Me miraba con orgullo; mi

madre, la mujer de mi padre, y parte de mis hermanas estaban como locas de contentas porque la hija/hermana "díscola" de la familia por fin de casaba, a los 40 años. Al fin hacía algo más o menos tradicional y ¡vestida de novia! Sé que mi hermana D simplemente se alegraba por verme feliz. Un día histórico que no se volverá a repetir.

Ese año no nos fuimos de viaje de novios a ningún lado, porque no nos lo podíamos permitir, así que nos dedicamos el tiempo a nosotros mismos. Al tercer día de nuestra luna de miel disfrutamos de nuestro primer trío con un follamigo de él. No sería el último...

\* \* \*

Poco después de casarnos comenzamos los trámites para que adoptase a mi hijo Kevin, pero antes le preguntamos al niño, que aceptó encantado. Menos de un año después ya era oficialmente su padre. A su familia no le hizo gracia, entre otras cosas porque habrían preferido un "chupete", según sus palabras, que yo no podía darle, pero, como dijo él, era su decisión.

\* \* \*

Nuestra vida como matrimonio empezó bastante bien, pero, transcurrido un corto espacio de tiempo, las cosas comenzaron a cambiar. Para mí la pareja es un equipo que ha de estar lo más equilibrado posible, y el nuestro no lo era. A los seis meses de la boda, más o menos, me senté con él y le comenté que yo me había casado para tener un marido, no otro hijo más del que responsabilizarme y al que tener que cuidar. Yo sabía que el sueño de su vida era casarse y tener una familia, pero ahora que lo tenía, no podía acomodarse y se acabó. Estaba muy bien que fuese cariñoso y amoroso con los niños y conmigo, pero el amor no lo era todo, había cosas que hacer, y muchas: los dos trabajábamos y llegábamos cansados así que ambos teníamos que repartirnos las tareas de casa, hacer caso a los niños, estar pendientes de las cuentas del banco, etc. No podía ser que yo me encargase de organizar todo y él fuese un mero acompañante o que tuviera que darle órdenes a cada momento de lo que había que hacer, que ya era mayor y llevábamos tiempo conviviendo. Ser pareja significaba ENTRE LOS DOS, juntos.

Era cierto que habíamos vivido muchos meses bastante intensos y que ahora estábamos tranquilos, pero eso no significaba relajarse hasta ese punto.

\* \* \*

**Me pidió perdón y durante cierto tiempo se esforzó por hacer las cosas sin que se las tuviera que decir, mostró interés en general, pero, poco a poco, se fue diluyendo y volvió a la dejadez inicial, a que yo llevase el peso de la relación, de la familia y de la casa. Tuvimos esta conversación, o similar, muchas veces a lo largo de los años en que me decía que iba a cambiar, que se iba a esforzar, pero siempre acabábamos como el rosario de la aurora, así que me fui quemando, cansando y terminé agotándome. Quería un compañero, pero tenía otro hijo, en este caso ocho años menor que yo y más alto que, en lugar de ayudarme, me daba más trabajo. Esta es una de las razones que acabó con mi amor, por mi lado, y destruyó nuestra relación como pareja.**

\* \* \*

Se dio otra circunstancia que podría haber enriquecido nuestra relación pero que acabó estropeándola porque, o bien yo o ambos, no la supimos gestionar adecuadamente.
CONOCI A LA QUE FUE MI MUJER en marzo, al mes de fallecer mi madre.
No supimos negociar bien los diferentes temas que fueron surgiendo, hubo falta de comunicación, y como además los dos eran mis sumisos, el hecho de ser su Dómina aumentaba mi responsabilidad, gestión y control de las relaciones, lo que me complicaba más la existencia. Las cosas surgen, muchas veces, en momentos que uno no espera.
Fue una relación a tres en la que yo estaba enamorada de ambos y cada uno de ellos de mí, pero no entre ellos. Se llevaban bastante bien entre sí, e intenté que fueran amigos, pero fue muy difícil porque, entre otras cosas, se tenían muchos celos, más de ella hacia él, pero eran mutuos.

En abril de 2012, había decidido que nos mudásemos de casa, de Sanse a Madrid, a un lugar mejor comunicado debido a que, aunque estábamos muy a gusto en ese piso, me habían trasladado las oficinas desde Tres Cantos a la capital, así que estaba tardando más de hora y media en ir y lo mismo en volver del trabajo, y como a él le cambiaban de proyecto cada poco tiempo, le enviaban a diferentes zonas de Madrid capital, incluso de la provincia. El osito estuvo de acuerdo, porque era una decisión lógica, y además íbamos a intentar convivir con mi mujer, todos juntos, en la nueva casa (aunque ella iba a mantener la suya, que era de su propiedad). De todas formas, de cara a mi hija, mi mujer iba a continuar siendo una muy buena amiga que iba a vivir con nosotros porque estaba muy sola, y ya está.

Se lo conté a mi hijo mayor cuando aún no nos habíamos mudado, un fin de semana que había venido a casa y no se lo tomó demasiado bien, pero, después, cuando volvió a Zaragoza y hablé con él por teléfono, me dijo llorando que no podía aceptar esa situación, sobre todo por su hermana, y que no lo podía soportar. Mis hijos mayor y mediano conocían el hecho de que soy bisexual desde hacía muchísimo tiempo, pero el mayor no pudo aceptar que tuviese una relación real con una mujer y menos un poliamor con mi marido, así que me dijo que no podía seguir hablando conmigo. Le dije, también llorando, que mi puerta siempre estará abierta y que nunca va a cambiar el hecho de que soy su madre, aunque sé que no soy la progenitora tradicional y convencional que le hubiese gustado o necesitado tener, pero yo soy así y hago las cosas con amor. Que la decisión no la había tomado a la ligera y que tenía muy en cuenta a sus hermanos, su educación y bienestar, aunque no estuviésemos de acuerdo.

Y colgamos. Silencio por su parte hasta ahora. De vez en cuando le mando algún mensaje porque le quiero y sé que algún día arreglaremos la situación. No pierdo la esperanza, que es lo último que se pierde, ¿verdad?

* * *

En mayo, cuando habíamos elegido el nuevo piso, pagado la señal y el aval, me despidieron del trabajo sin más: echaron al senior de cada departamento en la empresa y yo era la veterana del mío, así que me tocó a mí. Al menos tenía dos años de desempleo, pero el despido fue a la americana, como la compañía. Ese día lo llevé bastante bien, pero al día siguiente, en que fui a la peluquería a ver si me relajaba, me dio una crisis de ansiedad, comencé a vomitar y me puse tan enferma que llamé al osito al trabajo para que me viniese a buscar, porque no era capaz de ir a casa (la de Sanse todavía) andando sola.

\* \* \*

**Unos meses antes había empezado a ir de nuevo a terapia, con una psiquiatra maravillosa, y una psicóloga fabulosa, ya que llevaba una temporada que me daba por llorar en situaciones inapropiadas y no las podía controlar. Tenía una ansiedad tremenda y había descontrolado también el tema de los atracones. Comencé a tomar medicación que me ayudaría con esa ansiedad y un tratamiento nuevo para ayudarme con la compulsión por la comida. Estas pastillas nuevas (Topiramato) surtían efecto con la bulimia, pero a mi cuerpo le costó mucho adaptarse: me mareaba muchísimo, sentía náuseas y me encontraba fatal, en general, por lo que me tenía que tumbar muchas veces en la cama hasta que se me pasaba el malestar. He de decir que me fueron estupendamente durante unos dos años.**

\* \* \*

En junio de 2012 comenzamos a hacer la mudanza (nos habían dado un mes de cadencia) y yo estaba deshecha por muchas cosas: estaba físicamente enferma y casi no me podía mover, por fin estaba pasando el duelo de la muerte de mi madre gracias a la ayuda profesional, mi hijo Isra me había dejado de hablar, me acababan de despedir y no me lo esperaba, y tenía problemas en las relaciones con mis dos parejas, sobre todo con mi mujer, con la que no dejaba de discutir, a la que había dejado de amar como pareja aunque la quería mucho y estaba intentando relajarme, ver si la cosa mejoraba.

La segunda semana en que nos estábamos mudando, estábamos ella y yo solas en el piso nuevo, discutiendo de nuevo por el montaje de los muebles y no sé qué más. Llegó un punto en el que me dije a mí misma que ya no podía más, que ya era una cuestión de SUPERVIVENCIA, no de amor, y que tenía que empezar a tomar decisiones, así que rompí con ella tras año y pico de relación, pero el vínculo con mi osito también quedó bastante dañado.

\* \* \*

Este hombre-niño era casi completamente dependiente de mí, sobre todo a nivel **emocional**, pero en el resto de cosas también. Como te conté antes, tenía que decirle lo que hacer si quería que se realizasen las tareas del hogar, o la compra, estar pendiente de algún tema de los niños y, lo que llevaba peor, las cargas de **sus** finanzas; poco antes de que empezásemos a convivir, en mayo de 2008, me confesó que tenía unas deudas bastante elevadas que contrajo antes de conocerme: por una inversión en un negocio que no salió bien y por la compra de su coche. Las cuotas mensuales que pagaba tenían un monto muy alto, pero le amaba, y tenía la esperanza de poder resolver el asunto del dinero entre los dos de alguna manera.

Los dos trabajamos muy duro, y es verdad que él hizo muchas horas extra también para poder llevar una vida cómoda y holgada, intercalando algún periodo en el desempleo, pero no solo no logré que resolviera el asunto de aquellas dos grandes deudas, sino que fueron apareciendo otras más pequeñas de las que no me había hablado previamente. Para mí lo peor de todo no era eso, sino QUE ME MINTIESE. **Una vez que perdí la confianza en él, la relación estuvo casi perdida, porque no sabía cuándo me decía la verdad y cuándo no. Yo siempre digo que quiero que me digan la verdad, aunque me duela, porque si sé a qué atenerme puedo asumirla y tomar decisiones más acertadas.** Por experiencia propia sé que las mentiras salen siempre a la luz, aunque pasen años, y entonces hacen mucho más daño, son más difíciles de afrontar y los efectos colaterales son mucho peores.

Este asunto fue uno de los que acabó de dinamitar la relación (de hecho, aún no le hemos finiquitado del todo a pesar de estar divorciados legalmente). He sido yo quien ha ido resolviendo todos sus problemas con sus deudas, poco a poco y dando yo la cara, porque él no ha sido capaz. Al final intentó alguna cosa, pero no tiene las agallas de enfrentarse a su familia y luchar por lo que es suyo para poner fin a esto. Así que fui tan ingenua que ahora la endeudada soy yo: hace unos tres años, como las cuotas mensuales que pagábamos eran tremendas y con unos intereses muy altos, para pagar menos saqué un crédito solo a mi nombre. Aunque él lo paga, ahora no consigo que el banco cambie la titularidad, a pesar de que él ha reconocido su deuda.

* * *

A finales de diciembre de 2012, ya estaba física y emocionalmente mejor, y me dedicaba de lunes a viernes a buscar trabajo. Mucha gente me decía que, con mi edad, con casi 45 años, y tal como estaba la situación del país, con la crisis, que no iba a encontrar nada, pero yo me tomé la búsqueda como tarea diaria, planificada, activa, con actitud positiva, y me propuse cerrarle la boca a todos aquellos negativos que me intentaban desanimar. ¡Anda que no soy yo perseverante ni nada!

Un día de aquel mes me encontraba viendo unos vídeos de un youtuber gay canadiense, cuando tuve una especie de "revelación": me vi a mí misma haciendo cosas parecidas pero con el tema de la bisexualidad, ayudándome a mí misma y a otras personas bisexuales, quisieran ser visibles o no, pero que viendo mis experiencias vitales en mi blog en You Tube se pudieran sentir menos solos, o más comprendidos, con algo de esperanza, con mayor autoestima o lo que fuese, porque ese es uno de los grandes problemas de los bisexuales: la gran mayoría es "invisible" y estamos mal vistos incluso por una gran parte del colectivo de gays y lesbianas (¡a que parece increíble!) que nos tachan de viciosos, de estar confundidos en "una fase", etc., lo que nos conlleva muchas dificultades.

Así que, en enero de 2013, me puse manos y cámara a la obra, creé mi propio canal y decidí hacer y colgar un vídeo en el que salgo del armario para todo el mundo, pero con ciertos toques de humor. Aquel fue el primero, pero luego subí otros contando algunas de mis vivencias personales que narro aquí, en el libro, y después otros sobre sexualidad bisexual en otro canal secundario que generé posteriormente.

**Fue una experiencia totalmente liberadora, sana y motivadora. Finalmente había encontrado dar otro sentido a mi vida, un camino que llevaba muchos años vislumbrando y que ahora que empezaba a tomar forma. Cuanto más interactuaba con la gente, más cuenta me daba de que la decisión que había tomado, guiada por mi intuición, no solo era correcta, sino que en parte estaba descubriendo cuál es mi misión en este mundo, y la estaba empezando a llevar a cabo.**

Por otra parte, durante mi terapia, traté la cuestión de que me había ido encerrando en mí misma, por lo que no tenía apenas amistades, y mi vida social era casi inexistente, así que elaboré un plan de "creación de amistades" junto con mi psicóloga, pero no quería compartir a esas personas con mi marido: mi intención era tener mi "espacio privado" separado de él, porque ya me agobiaba hacer todo juntos; aunque le quería, nuestro matrimonio me asfixiaba y necesitaba respirar.

Le dije al osito que iba a intentar hacer amigos, que lo estaba gestionando con mi terapeuta, pero en un círculo aparte de él y que no le iba a dar todos los detalles de lo que hiciera, aunque sí le daría mucha información, que necesitaba cierta privacidad.

Lo primero que hice fue apuntarme a la página de "Singles Madrid" porque pensaba realizar todas las actividades yo sola, sin él. Acudí a un curso sobre algo de PNL, que no recuerdo bien, y una noche a una discoteca porque anunciaban que pondrían música de los 80 y los organizadores te presentaban a la gente. Esa velada fue un desastre: como volver a la peor parte de mi adolescencia. Había grupos de hombres de más de 40 revoloteando como buitres, oteando las presas, paseando arriba y abajo, de un lado a otro del local, marcando su territorio, y corros de mujeres de las mismas edades que ellos, pintarrajeadas como puertas, con mini vestidos o ropa tres tallas más pequeñas de las que les corresponderían, agrupadas, agarradas a su copa y mirando hacia los carroñeros para ver si ellas eran las elegidas. ¡Qué horror! Pensé que al crecer y "madurar" estos comportamientos de cortejo cambiaban, pero fui testigo de unas conductas que para mí son dignas de estudio. Me sentí totalmente fuera de lugar, como me ocurría cuando era jovencita, así que me terminé el refresco y regresé a casa en shock. Hasta relaté en mi Facebook lo que viví en aquel sitio.

En febrero, me registré en una web de bisexuales (que ya no existe, por desgracia) para relacionarme con otros como yo, hablar, escribir, interactuar e incluso tener sexo. Conocí gente muy interesante y promocioné un poco mi canal de YouTube mientras permaneció activa. Aún conservo parte de aquellas amistades y follamigos.

A finales de marzo, tuve por fin la valentía de sentarme con el que era mi marido, una noche de sábado que la niña dormía, para decirle que le quería mucho como amigo pero que ya no estaba enamorada de él, que ya no le amaba como pareja. Le propuse separarnos como matrimonio, pero continuar viviendo juntos, como compañeros, principalmente porque económicamente no nos podíamos permitir hacerlo por separado, hasta que encontrásemos otra solución, y le expliqué que le contaba todo eso porque necesitaba decirle la verdad de lo que sentía, que no podía vivir una mentira. Lo siguiente fue todo un drama: me dijo que seguía enamorado de mí, que no podía vivir conmigo como si fuésemos compañeros de piso, que él se iba, a lo que le contesté que no me podía dejar tirada con los niños y su deuda... hablamos de muchas cosas, algunas de ellas sin sentido, fruto de su desesperación, y tras unas horas de mucha tensión, decidimos retomar la conversación al día siguiente y me fui a dormir.

A la mañana siguiente recibí una llamada de mi padre, muy preocupado, preguntándome que qué había pasado con el que era mi marido. Me sorprendió mucho, porque no le había dicho nada a nadie, excepto a mis terapeutas, y me comentó que habían leído en su Facebook que él había escrito que se quería suicidar. ¿¿¿Cómo??? No me podía creer que hubiese hecho una tontería así. Entré en mi cuenta en esa red social para verificar lo que me decía y lo pude comprobar con mis propios ojos. Me asusté muchísimo por él y por las consecuencias, aunque sabía que era incapaz de llevarlo a cabo, que era una llamada de atención. Lo debió escribir una vez que yo me había marchado a la cama. Le conté a mi padre lo sucedido la noche anterior, lo que le había explicado al osito y que habíamos convenido en continuar la conversación. Mi padre me dijo, muy alarmado, que usara por una vez en la vida la cabeza en lugar del corazón y que, por mi propia seguridad y la de los niños, debía decirle a mi marido que lo había pensado mejor y que intentaríamos sacar la relación adelante, que aún le quería (aunque era mentira). Me dijo que no tenía otra alternativa dada la situación, no fuese a hacer alguna locura, porque me quedaba la la calle con mis hijos y con la deuda, así que hice de tripas corazón y hablé con mi marido. Le dije que era una locura lo que había escrito en Facebook, que por favor lo eliminara porque la gente se asustaba al leerlo (y lo borró, menos mal), y que había estado reflexionando sobre lo que él me había comentado y me daba cuenta de que tenía razón, que teníamos que seguir juntos porque aún había amor y lo teníamos que intentar. Comenzó una farsa que mantuve por una cuestión de supervivencia, porque me sobrepasó la situación, me había asustado muchísimo y pensé que debía seguir el consejo de mi padre, que probablemente sabía más que yo.

Una vez tomé aquella decisión opté por dejar el blog hasta que las cosas cambiasen ya que no quería ni podía mentir en algo tan importante y con tanto significado para mí.

Ese mismo mes de abril conseguí trabajo, nueve meses después del despido, a pesar de los malos augurios y de los negativos que me decían que no lo lograría. ¡Menuda soy yo!

En enero de 2014 no soporté más la tensión de mentir y sobre todo tener que besarle o tener sexo con él (aunque cada vez era más escaso) sin amarle, haciendo el paripé, y me fui a pasear con él al parque cercano a donde residíamos para hablar con tranquilidad. Le relaté la conversación con mi padre, mi miedo, todo, y que, en realidad, seguía sin amarle, que le quería como amigo, pero eso era todo, y que mi propuesta seguía siendo la misma porque me parecía lo mejor para todos y lo más razonable.

Le pedí perdón por haberle mentido y le aseguré que había sido la primera y la última por mi parte. También le expliqué que me daba cuenta de que en esos meses transcurridos ambos habíamos tenido tiempo para madurar lo que ocurrió aquella noche, y que estaba segura de que éramos capaces de vivir juntos como amigos si nos lo proponíamos, pero sin mentiras, y que entre los dos tendríamos que encontrar una solución, aunque yo solo veía esa en aquel momento. Su respuesta fue bastante agria y desagradable, lógicamente, pero esta vez aceptó mi propuesta porque, después de mucho dar vueltas al tema, **entendió que no le amaba, y que el amor no se puede forzar. Que me había jurado cambiar muchas veces, me había prometido muchas cosas que no había cumplido y que no iba a cumplir ahora, de la noche a la mañana.** Se había acabado mi amor de pareja por él, pero no así mis sentimientos de amistad.

* * *

Un día de finales de septiembre, en que la relación estaba ya muy deteriorada, comenzamos a discutir, no recuerdo el motivo y me dijo que siempre teníamos que hacer las cosas a mi manera, como lo de pagar parte de su deuda. Ya estaba tan cansada de que me acusase de lo mismo, cuando yo consideraba que no era así, que sencillamente era la solución más racional que le dije que optaríamos por resolver las cosas según quería él: buscaría piso a partir del día siguiente para mudarme con mis hijos, que él hiciese lo mismo. Con el dinero que nos devolviesen de la fianza y el aval pagaríamos el divorcio y parte de su deuda.

Lo que él no esperaba es que yo iba a encontrar una vivienda que poder pagar en menos de una semana. Cuando le dije que ya tenía piso y que me mudaba, intentó recular, pero le dije que no, que ya no había vuelta atrás, que eso era lo que él quería, a su manera, como

había pedido, y así lo estaba haciendo, que no cambiaría de proceder de nuevo.
El 31 de octubre de 2014, Halloween, fue la primera noche que dormí en el nuevo piso e hice la mudanza al día siguiente, aunque el piso que habíamos compartido lo dejamos definitivamente el 20 de noviembre.

Estuvimos oficialmente divorciados el 15 de julio de 2015. No solicité pensión para su hijo adoptado y puede verle cuanto quiera ya que éste es mayor de edad.

* * *

**A toro pasado, puedo afirmar que el gran error que cometí con mi ahora ex marido, fue pensar y <u>mantener la expectativa</u> de que iba a madurar a medida que lo hacía nuestra relación. No maduró entonces y hoy me doy cuenta de que es una especie de "Peter Pan". Vi en el su potencial, pero me equivoqué. De todas formas, reconozco que pasamos momentos geniales juntos y que, si hubiese crecido, quizás seguiríamos con la relación en la actualidad.**
**Ahora entiendo también que la razón que me llevó a aceptar la petición de matrimonio se debió en gran medida a mi sentimiento de responsabilidad para con mis hijos, pero, sobre todo a la gran presión subjetiva que sentí por parte del osito, de mi madre, de mi hijo mayor por "hacer las cosas bien" según ellos, como espera la sociedad y nuestra cultura.**

**¿Te has basado en tus expectativas, como yo, para tomar decisiones? ¿Crees que hemos de seguir lo establecido socialmente, o salirnos de la norma para hacer las cosas a nuestra manera?**

**Aceptar nuestras limitaciones, imperfecciones, y que cometemos errores, es muy sano, sin duda. Hay personas que dicen no arrepentirse de nada de lo han hecho; esta me parece una actitud bastante soberbia que no ayuda a aprender y mejorar, sino a estancarse y no evolucionar.**

**Un consejo: AUNQUE SEA POR AMOR, LAS DEUDAS SON DE QUIENES LAS GENERAN. No seas tan tonto como yo. Esto lo he aprendido con mucho sufrimiento, mucho luchar, discutir, desesperarme, y hasta el 3 de diciembre de 2018, si no ocurre algo inesperado por lo que logre que él pague la totalidad del crédito antes,**

ese dinero figura que lo debo yo y a mí no me dan dinero en ninguna entidad. ¡OTRA LECCION APRENDIDA!

## 25. 2010: LA JUBILACIÓN

Mi madre trabajaba muchísimo en la academia de idiomas, en Zaragoza. Hubo un año en que no la dejaron seguir siendo la profesora de inglés del colegio donde estudié porque no tenía la carrera de filología inglesa, un asunto del Ministerio de Educación y Ciencia.
Casi todos los días acababa a las diez de la noche. Además de dar clase, al final también era la jefa de estudios, y como ese trabajo no está demasiado bien pagado, hacía traducciones cuando llegaba a casa, entre semana, e incluso algunos fines de semana. Se tomaba muy en serio su trabajo, y en su caso era vocacional, le encantaba, aunque yo siempre he pensado que la explotaban, pero esa es solo mi opinión.

Mi madre, como buena holandesa, había sido educada en el luteranismo calvinista por el cual el trabajo dignifica, y yo estoy bastante de acuerdo con esta proposición, pero dentro de unos límites y cumpliendo unas premisas básicas.
Parte de los días de su mes de vacaciones, y haciendo virguerías con su presupuesto, los dedicaba a viajar a visitar a una de mis hermanas, al país donde residiera, alternando cada año para poder estar en contacto con todas nosotras y nuestras familias.

Una frase que repetía mi madre, como un mantra, desde que yo era pequeña era: "cuando me jubile voy a....". Tenía todo tipo de planes para su jubilación: hacer cursos, viajar cuando quisiese sin tener que hacerlo forzosamente en verano, dedicar tiempo a sus amistades, tomar el sol, leyendo y tomando café en el balcón de su casa, hacer lo que le apeteciese sin la esclavitud del horario y demás del trabajo...

Por fin cumplía los 65 años el 2 de septiembre de 2010 y ese mismo mes llegaba su esperado retiro laboral. El día 7 me telefoneó para decirme que se iba al hospital con una de sus mejores amigas porque llevaba unos días rara, en los que no conseguía que su mano derecha "le hiciese caso", y que, si quería firmar, tenía que pensar en que la estaba dibujando, porque si no, no era capaz de hacerlo. Su amiga había insistido en llevarla y se había dejado acompañar. Me preocupé un poco porque mi progenitora era de esas personas que solo acudía al médico si ya era inevitable, o realmente era una urgencia (igual que hacía con nosotras cuando éramos pequeñas, como le habían enseñado a ella).

Para resumir, te cuento que descubrieron que tenía metástasis en el cerebro y no sabían de dónde procedía. Lo tenía plagado de pequeñas áreas afectadas, sobre todo una en el cerebelo, que es el que controla ciertos movimientos del cuerpo.

Nuestra madre siempre nos había dicho que, si le descubrían alguna enfermedad grave o fatal, quería saberlo. Nosotras éramos conscientes de que lo decía muy en serio, y que era lo suficientemente fuerte como para afrontarlo también.

Mi madre le comentó eso mismo al oncólogo, pero él no debía opinar lo mismo, y aunque a mí me pasó un papel en secreto, delante de ella, en el que me escribía que le quedaban entre tres y seis meses de vida, a ella le dijo que le harían varias pruebas, un tratamiento de radioterapia que había salido nuevo y que tenía seis meses o algunos años. Esta información incorrecta hizo que ella tomara algunas decisiones erróneas y eso fue a causa de no decirle la verdad: comenzó obra en el baño del piso donde vivía para estar más cómoda, aunque la casa no era suya, pensando que lo iba a aprovechar, y cosas así. Invirtió bastante dinero en esto y no me parece justo.

Nos reunimos las cuatro hermanas con nuestra madre, en su casa, y con todo el dolor de nuestro corazón, le explicamos, enseñándole el papel que me había pasado su médico, que le quedaban entre tres y seis meses, como mucho. La situación fue muy dramática, pero estoy convencida de que fue lo mejor que pudimos hacer, y ella nos lo agradeció, aunque, al inicio, le costó mucho aceptar el hecho de que tenía que cambiar todo su planteamiento y dejar su casa, sus cosas. Era una mujer muy fuerte, pero aun así se rebelaba, porque ella tenía otros planes para su jubilación, y ahora iba a pasar ese tiempo entre hospitales y una residencia medicalizada. De todas formas, hasta que no estuvo realmente mal, tuvo la esperanza de recuperarse y durar al menos un par de años más.

Una de las primeras cosas que hicimos todas juntas, cuando supo cuál era su auténtica realidad, fue acompañarla a un notario, y ya se la notaba débil, aunque todavía caminaba por sí sola, pero respiraba cada

vez peor. Redactó su testamento, aunque no tenía bienes inmuebles, pero quería repartir sus cosas y que quedase por escrito.
También hizo su testamento vital o Instrucciones Previas en el que me nombraba como su representante, en el caso de que ella no pudiese hablar o expresarse, ya que yo estaba en España. Yo acompañé a mi madre en todo el proceso de su enfermedad y después, pero cualquiera de mis hermanas habría hecho lo mismo que yo si hubiese podido, de eso no tengo duda alguna. En él indicaba su expreso deseo que no le prolongasen la vida innecesariamente, por ningún medio, que no deseaba sentir dolor, que le aplicaran tratamientos paliativos del mismo y que le dejasen tener una muerte digna. También donaba sus órganos si alguno era válido. También indicaba que quería donar su cuerpo a la ciencia, que no deseaba ser enterrada.

La celebración que organizó fue genial. Estábamos sus cuatro hijas, mi marido, mis tres hijos, una de sus hermanas, mi tía más joven (que vive en Canadá) con su marido, cuatro de sus mejores amigas de toda la vida, parte de sus familias, su jefa... Hubo comida, música, nos hicimos fotos, brindamos por ella, y se la veía feliz rodeada de la gente que amaba y los que la amábamos. **Todos sabíamos que era una fiesta de despedida, pero era una fiesta alegre, no hubo nada de tristeza ahí; celebrábamos el amor entre nosotros por ella y viceversa, que era para la eternidad**.
Tras esta reunión se volvieron mis hermanas y mis tíos a casa.

En cuanto bajaron los corticoides, el estado físico de mi madre se deterioró notablemente. El tratamiento de radioterapia fue un éxito y las metástasis del cerebro desaparecieron a excepción de la del cerebelo y, finalmente, descubrieron que el origen era un cáncer de pulmón. Ella tenía enfisema por tabaquismo desde hacía años, pero también hacía una eternidad que había dejado de fumar. Por entonces ya vivía en la residencia de Sanitas, iba en silla de ruedas y llevaba oxígeno casi las 24 horas, portátil cuando la sacaba a dar un paseo o a comer por ahí. La había llevado a la que había sido su casa unas cuantas veces, a pasar un rato, pero luego era peor el remedio que la enfermedad, porque se quedaba muy triste y abatida, así que dejé de hacerlo.

Como ya te conté, del total de la semana, pasaba unos tres o cuatro días en Zaragoza para llevar a mi madre al hospital o pasar tiempo con ella, y el resto en mi casa en Madrid, con el resto de mi familia.
Su mejor amiga de Canadá, viajó un par de veces a España para estar unos días con ella y hacerle compañía. También recibía la visita de sus otras amigas casi a diario y su hermana mayor, la que vive en EEUU,

la llamaba por teléfono día sí, día no, para hablar con ella y recordar cosas de cuando eran pequeñas.
Como tenía un portátil que le habíamos regalado, con conexión a internet, que hicimos instalar en su habitación, pudo mantener contacto por mail con mucha gente mientras fue capaz de estar despierta y controlar las manos.

Mis hermanas me dijeron que cuando viese que la cosa se pusiese muy fea, que las avisase, para que les diese tiempo a viajar de nuevo a Zaragoza y pasar sus últimos días con ella.
Yo mantenía contacto diario con la médica del centro, que hablaba con las responsables de sus cuidados paliativos, además de con los médicos del hospital, así que, cuando decidimos aumentar las dosis de morfina, se lo dije a mis hermanas para que viniesen. Era principios de febrero de 2011, concretamente el fin de semana del 5 y 6. Mis hermanas habían venido y también mi marido con mi hija Ana.
Fueron unos días de hablar bastante, risas, aunque mi madre ya estaba muy deteriorada y se cansaba mucho.

No recuerdo bien en qué momento del domingo fue exactamente, pero sí que ha sido una de las cosas más difíciles que he tenido que hacer en toda mi vida. Entré en la habitación de mi madre en la que estaba tendida en la cama, con el oxígeno puesto, como siempre, y barreras a los lados para que no se cayese, despierta. Era por la tarde, porque tenía la luz encendida, pero no la TV. Me senté en una silla, a su lado, le cogí de la mano y le dije que había llegado el momento en que ya estaba empezando a sufrir más de la cuenta, con dolores que la molestaban demasiado, y que había estado hablando con la doctora según sus instrucciones, y que la iban a subir la dosis de sedantes. Que eso significaba que iba a estar dormida casi todo el tiempo, o como inconsciente, y que quizá se despertase algún rato, pero no sabíamos qué grado de consciencia tendría. Que todos la queríamos mucho y la íbamos a echar mucho de menos, y que ese era el momento de no retorno. Me eché a llorar porque no podía aguantar la angustia de tener que despedirme así de mi madre, en nombre de todos, pero ella me había hecho responsable de ello en su testamento vital, y yo estaba cumpliendo su voluntad. Me miró con ternura, me apretó la mano y me dijo con un hilillo de voz que eso era lo que quería y que también nos quería. Estuve con ella hasta que se durmió. Y salí de la habitación para irme al salón de la residencia con los demás. Regresamos todos a Madrid, ya que mis hermanas volaban de regreso a sus respectivos países, al día siguiente, desde Barajas, y dormían en mi casa, en Sanse.

A la mañana siguiente, sobre las 8 de la mañana, estábamos saliendo por la puerta para acompañar a dos de mis hermanas al aeropuerto, cuando me sonó el móvil. Era la médica de la residencia para decirme que habían encontrado a mi madre fallecida a las seis de la madrugada, cuando habían pasado a darle la medicación, y que debía haber fallecido más o menos sobre esa hora. Decidimos que era una tontería que mis hermanas aplazaran o perdieran sus vuelos, así que mi marido las acompañó y yo me dirigí a Madrid, a Atocha, a coger el primer AVE a Zaragoza.

* * *

Cuando llegué a la habitación estaba mi hijo mayor, que vive allí, destrozado, dos amigas de mi madre y la que fue su jefa. Me abracé con fuerza a mi hijo... El resto me daba igual, no las oía. Cuando vi a mi madre muerta no parecía ella, era como otra persona, no la reconocía. Era su cuerpo, su cara, pero no era ella. Le di un beso de despedida. Sé que me hablaban, pero yo no me enteraba más de lo que me decía mi hijo, al menos al principio. Estaba en shock. Le quité los anillos y el colgante que llevaba. Me acuerdo que levanté la sábana para ver si tenía alguna otra cosa que tuviese que recoger y una de las que estaba, asustada, dijo que no la moviera y pensé que era gilipollas, ¿igual pensaría que olería o algo? Me pareció fatal.

Transcurrida una hora o así vinieron de la funeraria, la metieron en una bolsa hermética, la taparon con una sábana y se la llevaron. La doctora me dijo que quería hablar conmigo, así que quedé con mi hijo en citarme con él más tarde, y me acerqué a su despacho. Me explico que, aunque el deseo de mi madre era haber donado su cuerpo a la ciencia, como su cuerpo estaba tan destrozado por el cáncer, que ya había alcanzado, deteriorado el hígado y otros órganos, esa opción no era posible, y que tenía que hablar con el seguro para ver qué decidíamos hacer con el cuerpo.
Me encontraba en una disyuntiva complicada porque mi madre no había dado otras instrucciones y yo quería hacer lo que ella hubiese querido, así que decidí que la incineración era lo mejor. No estuve durante el proceso, porque a ella no le habría gustado. Lo que sí hice fue poner

una esquela en el periódico, sin símbolos religiosos, porque esa era su voluntad.

Como tenía que recoger las cenizas al día siguiente, me quedé esa noche en un hotel y cené con mi hijo. Al día siguiente vino mi marido, con el coche desde Madrid a buscarme, y fuimos los dos a por la urna. Aún la tengo, encima del armario de mi habitación. Durante tiempo no supe qué hacer con ella. Después, lo hablé con mis hermanas, y decidimos entre las cuatro que, cuando podamos todas, llevaremos las cenizas a Canadá e intentaremos esparcirlas en el lago Muskoka, que es donde mis abuelos tenían una cabaña, donde pasó, pasamos, muchos veranos, con sol, agua, y donde fue feliz.

\* \* \*

Hubo un acontecimiento que nos dio mucha rabia a mis hermanas y a mí. Mi madre NO QUERIA UN FUNERAL. Ella no era religiosa y menos católica: le hicieron unos cuantos feos en su vida, por ejemplo, se negaron a ponerle la alfombra roja en su boda con mi padre por no ser católica, aunque prometió educarnos en el catolicismo; ella cumplió su promesa, al menos hasta que nosotras tuvimos poder de decisión sobre el tema. Una de sus amigas que sí lo es, aprovechó cuando mi madre estaba peor para que mi madre le diera el ok a celebrar uno, pero nosotras sabíamos positivamente que NO QUERIA. El caso es que la amiga esta y la que fue jefa, organizaron un funeral católico en la iglesia donde se casó y nos bautizaron a mi hermana la segunda y a mí. Otra de las voluntades de mi madre que contravinieron fue que pusieron una esquela alternativa a la nuestra, totalmente religiosa.

A este funeral no acudimos ninguna de sus hijas ni nietos, por supuesto, pero ACUDIÓ MI ABUELA, ¡la que faltaba! Y para terminar de rematar se nos criticó por no haber asistido. ¡ME JODE TREMENDAMENTE QUE LA GENTE SE META EN DONDE NO SE LES LLAMA, SIN SABER QUE LA VOLUNTAD DE MI MADRE ERA NO TENER FUNERAL! Y, que yo sepa, se ha de respetar la voluntad de los muertos, que en este caso se trataba de mi progenitora, la persona que me trajo al mundo.

Pero si algo me daba rabia de verdad, cuando mi madre vivía, era que dijese de sí misma que era una mujer frustrada, cuando tenía muchísimas razones y motivos por los que sentirse orgullosa de su persona, porque era extraordinaria. Pero su baja autoestima no le permitía ver lo maravillosa que era, que, aunque le habían enseñado que tenía que alcanzar la perfección, y que no había logrado ser perfecta, poseía múltiples cualidades y virtudes que la hacían diferente, EXCEPCIONAL. Era una luchadora, una superviviente, y eso nos lo inculcó y transmitió a sus cuatro hijas.

Al menos cuando falleció estuvo rodeada de amor y de los seres que más quería.

* * *

**De la relación con mi madre he aprendido varias cosas fundamentales:**

**- Vive el presente y disfrútalo, porque no sabes lo que pasará mañana.**

**- Aun viviendo en el presente, la Esperanza es lo último que se pierde. Como sabes pensé haberla perdido, y lo que nos quedaba por vivir juntas fue la mejor parte.**

**- Algunas personas cambiamos y evolucionamos; aunque cueste un esfuerzo que dependerá de muchos factores, si es para positivo merece totalmente la pena. El precio suele ser atrevernos a salir de nuestras zonas de confort.**

**- La familia de verdad son personas que elegimos, porque la biológica nos toca, como la lotería, o como una cruz.**

**- Una conclusión a la que llegué es que "el trabajo dignifica" pero hay que trabajar para vivir, no vivir para trabajar, o te pierdes cosas/personas importantes de tu existencia.**

**- Eres tú quien decide qué actitud adoptar ante lo que te ocurre. Yo elijo sacar lo positivo y SONREÍR. ¿Qué decides tú?**

## 26. LA MUJER ROTA

Como ya te conté, conocí a la que sería mi mujer en marzo de 2011, chateando en una web dedicada al BDSM. Me la "presentó" un conocido mío que me comentó que había hablado previamente con ella: una chica de treinta y algo, lesbiana, que buscaba Ama y que le había hablado de mí. Me facilitó su Nick y me dispuse a abrirle un privado, a ver... porque ya había contactado con mujeres otras veces y la cosa no había cuajado.

El BDSM verdadero implica que ha de ser Sano, Seguro y Consensuado, así que le expliqué que no era una Dómina sádica, sino que lo mío era el control, el bondage y, si acaso, aplicar dolor no extremo si sabía que al/a sumiso/a le gustaba. A ella le pareció estupendo, así que empezamos con buen pie.

Llevaba muchos años deseando encontrar a esa PERSONA de mí mismo género con la que experimentar, compartir sexo y otras muchas cosas. Y he escrito la palabra "persona" en mayúsculas a propósito.

Hay muchas mujeres, sean sumisas o no, estén en la red o no, que no me atraen. No es una cuestión física y me pasa exactamente lo mismo con los hombres: es química e historia, más bien, por describirlo de alguna forma. Me gusta la buena conversación, inteligente, aunque sea pícara o sexual, con contenido. Me tienen que excitar el cerebro, hay muchas maneras de hacerlo, y después, generalmente, lo demás, con algunas excepciones. Pasamos horas chateando, teniendo sexo online, intercambiando algo de información sobre nosotras mismas y cada vez me fue atrayendo más.

Esto fue lo que me sucedió con ella: **me excitó el clítoris cerebral**. Resultó que, en realidad era bisexual pero la mayor parte de sus relaciones habían sido con mujeres, y eso me agradó aún más porque hacía que me sintiese más cercana y comprendida.

Pocos días después de comenzar a hablar a través del chat de la web, la llamé al móvil y le propuse quedar aquella mañana de sábado en el centro de Madrid para conocernos cara a cara. Quería comprobar si existiría la misma química en persona que online. Al principio la escuché bastante alterada, porque no esperaba esa invitación de repente y tan pronto, pero, tras titubear unos instantes, aceptó. La primera vez que nos vimos fue en "la ballena" de la salida del metro de Sol. Estábamos las dos muy nerviosas por el encuentro y hablábamos a toda

velocidad, pero esa impresión inicial fue genial. Acudimos a una cafetería en la cual había una mesa con un sofá medio "escondido" en un hueco en la planta sótano. Estábamos completamente solas, aunque de vez en cuando pasaba algún empleado del sitio. Nos brillaban los ojos a las dos mientras charlábamos animadamente y pasaba el tiempo. En un momento determinado de la conversación no pude más y le pregunté: "¿puedo besarte?". Ella respondió que SI. Con el pulso acelerado le cogí la cara con las manos y la besé. Fue un beso intenso, en el que intenté guardar parte de su esencia para no olvidarla nunca. Repentinamente se separó de mí porque oyó un ruido y pensó que era alguien que venía. Nos miramos fijamente, con asombro, sonriendo, excitadas, y nos dimos cuenta de que algo importante había pasado.
Le pregunté si podíamos ir a su casa, porque ese día la mía no estaba disponible, a lo que respondió que estaba hecha un desastre y le repliqué que eso me daba igual, así que acabamos yendo a su piso, que efectivamente parecía una cueva porque hacía relativamente poco tiempo que se había mudado, pero eso era lo de menos.
Allí, en su territorio, me puse en modo Dómina y ella en el de sumisa, aunque le regalé dos minutos de "tiempo muerto" sin roles. Tuvimos sexo, aunque solo de reconocimiento, porque ella estaba con la menstruación. Cuando salí de allí flotaba, y empecé a tomar conciencia de que algo especial se había iniciado, no solo con el primer beso.

\* \* \*

Mi ex mujer es una persona muy singular, excepcional, pero hay que conocerla en la intimidad.
Si te quedabas solamente con la fachada seguramente no te habrías acercado demasiado: mostraba una imagen agresiva, poco femenina, con ademanes pasotas; vestía y tenía el aspecto de una Lara Croft de videojuego. **Una manera de protegerse del mundo...**

Cuando se abría a ti y descubrías su yo real, era muy diferente: femenina, tierna, divertida, creativa, inteligente, romántica, sexy, juguetona, una cocinera excelente, amante de los animales, sobre todo gatos, con muchas ganas de superarse y aprender. También era una mujer que necesitaba mucho amor y cariño.

Yo la llamaba a ella "gatita" y ella a mí "Perimandi", una palabra que se inventó y que provenía de "pera" y "mandarina" porque decía que, si existía la media naranja, ella la habría exprimido ya. Si no, me denominaba con los apelativos que correspondían a mi rol dominante.

**Mi mujer era un animalito apaleado en un mundo hostil.** Era la menor de tres hermanos, con los que tenía cierta diferencia de edad, aunque tampoco excesiva, y su madre falleció al año de su nacimiento por un cáncer. Cuando era pequeña su padre conoció a otra mujer, con mucho dinero, se marchó a vivir con ella y dejó a sus tres hijos solos en la casa; les pasaba un dinero al mes que no les llegaba para casi nada. Llegaban a pasar hambre. El padre vendió el piso y se quedó con el dinero de la venta, y los hermanos terminaron viviendo en casa de la abuela, que tenía como ingresos su pensión.

Se arrimó la gente equivocada y entró en una espiral de drogas y alcohol para intentar vivir "otra realidad". Sus hermanos mayores apenas le hacían caso y estaba bastante abandonada sobre todo a nivel personal, emocional. Cuando pudo, entró en el ejército, dispuesta a cambiar su vida, e hizo lo que pudo por ser la mejor en su trabajo. Estuvo de misión en África y Afganistán. Finalmente inició su rehabilitación de las sustancias tóxicas y el alcohol, deshecha física y mentalmente.

Había algo de ella que me sacaba de quicio y que me costaba mucho sobrellevar: era muy quejica. Se quejaba por casi todo y dediqué mucho tiempo a intentar positivizar esa actitud tan negativa, porque muchas veces era por cosas nimias, sin importancia. Así que trabajamos esa cuestión, también para que viera que la vida era mejor de lo que la quería ver, en ocasiones.

* * * *

Cuando la conocí hacía poco tiempo que había vuelto de Asia; estaba limpia y sobria. Me sentía muy orgullosa de ella porque sabía lo difícil que era mantenerse así, y más estando tan sola como ella. Su abuela había fallecido hacía años y sus hermanos tenían sus parejas respectivas, hijos y sus propias vidas. Hablaban entre ellos, pero la relación no era demasiado cercana. Ella se había comprado el piso en el que vivía, la "cueva" a la que se había mudado.
Me llevó a los cementerios donde estaban su madre y su abuela para "presentarnos" oficialmente. También conocí a su padre, y a uno de sus hermanos. Fue algo muy emotivo para las dos. Estábamos muy enamoradas la una de la otra.

Casi al inicio de nuestra relación, la ingresaron unos días en una clínica por temas de ansiedad y ajustes de la medicación que tomaba, pero nos organizamos bastante bien para poder pasar algún tiempo a su lado mientras mi marido se quedaba con la peque en el parque cercano. Cuando salía del centro, me unía a ellos y pasábamos el resto de la tarde con la niña.

Al comienzo, según lo negociamos el osito y yo, aprovechaba para pasar tiempo con mi chica los fines de semana, cuando él iba a hockey o quedaba con algún amigo o amiga suyos. También algún rato entre semana si ella necesitaba que la acompañase a algún sitio.

Tenía sexo con los dos, pero no con ambos a la vez, aunque en una ocasión, a petición de él, y con el consentimiento de ella, mi osito tuvo un papel pasivo, de mero observador (aunque se masturbaba), mientras ella y yo manteníamos relaciones. He de reconocer que la experiencia estuvo bastante bien, nos gustó a los tres, aunque no la repetimos porque no surgió.

Respecto al sexo, al principio ella era como una extraterrestre para mí. Yo estaba falta de práctica. Las dos éramos mujeres, las dos teníamos pechos y genitales femeninos, pero, al mismo tiempo, reaccionábamos de formas muy distintas a los mismos estímulos, así que lo que sabía sobre mí misma no me servía con ella. ¡Aquello fue todo un descubrimiento y un aprendizaje! Además, la medicación que tomaba dificultaba que alcanzara el orgasmo por lo que, cuando conseguí que tuviese uno, sin su ayuda, fue como una fiesta para las dos, y cuando logré que disfrutase de más de uno en una misma sesión... ¡ni te cuento! ¡Una pasada!
De todas formas, los primeros meses, dormir con ella era difícil porque lo hacía agarrada a mí como si se le fuera a ir la vida, hablaba, temblaba y se agitaba en sueños, y a veces hasta llegaba a despertarse. Yo le susurraba al oído que estuviese tranquila, que estaba conmigo, que yo la protegía y la cuidaba, y así conseguía que conciliara el sueño de nuevo, pero no más de cuatro o cinco horas seguidas.

* * *

Una tarde-noche de abril hicimos una ceremonia de acuerdos de sumisos, entre todos, en ella le impuse a ella el collar que le había hecho yo misma, a mano con cuerda de algodón rojo, en la que establecimos oficialmente los roles de los tres. Yo era su Dueña y quedaba "oficializado" todo. Creamos un ambiente especial con velas, redactamos los contratos y expresamos en voz alta nuestros compromisos, previamente consensuados. Fue una fiesta muy bonita y recuerdo haberme emocionado. Estaba muy enamorada de ella y además era mi mejor amiga. No había secretos entre nosotras.

Ella sabía que no me podía casar con ella, aunque era su deseo, porque ya lo estaba con el osito. Aun así, una vez afianzada nuestra relación, compré unas alianzas, las que ella eligió, las grabé con la fecha en que nos conocimos en persona y le di una sorpresa, después de una cena romántica, en la que le puse la suya en el dedo anular de la mano derecha, simbólicamente, como prueba de mi amor, aunque yo tenía la fama de ser la "romántica de un minuto". Ella también me puso la mía. Fue un momento muy íntimo e intenso.

Más adelante, intercalábamos muchos findes y ya pasaba alguno entero en casa de ella e intentaba que mi marido viniese, que estuviésemos los tres juntos, pasando el tiempo y disfrutando de nuestra mutua compañía, pero él se fue alejando y quedaba con su gente porque decía que se sentía apartado. Yo no lo veía así, porque intentaba integrarle en todas nuestras actividades, pero esa era su percepción.

De todas formas, poco a poco, entre los dos, muchas veces entre los tres, cuando conseguía que mi marido se animase a acompañarnos, fuimos convirtiendo su piso, que era un desastre de cajas y trastos, en una casa habitable e incluso acogedora. Invertimos mucho tiempo y esfuerzo, pero mereció la pena.

Acometió las obras de la cocina y del baño, que le costaron bastante caras, pero las hizo a su gusto y como ella quiso; quedaron muy bonitas. Así volvió a recuperar el gusto por aficiones que tenía algo abandonadas, como cocinar, pintar, hacer maquetas...

Se matriculó en la UNED para cursar 1º de grado de Psicología ya que había superado el curso de acceso. Iba a clase por las tardes debido a que trabajaba por las mañanas hasta mediodía. Entre las dos organizamos un plan de estudio, sobre todo en tiempo de exámenes, pero le costaba mucho seguirlo. Yo intentaba ayudarla lo más que podía con las asignaturas, principalmente con Estadística y Biología; la parte de Genética es complicada y a mí se me daba bien cuando la estudié. La dificultad, en este caso, era que tenía poca resistencia a la frustración. Era muy testaruda, como yo, así que nos costaba a ella unos cuantos cabreos y a mí muchas dosis de paciencia. Consiguió aprobar algunas a pesar de las dificultades, pero se desanimó y decidió no continuar con el Psicología. Lo que hizo fue comenzar un grado superior de Informática.

Su idea era dejar el ejército al acabar sus estudios. Es una persona intelectualmente inquieta y necesitaba cambiar de trabajo con bastante urgencia, a pesar de las ventajas que le ofrecía el que tenía.

Un gran problema que tenía era la dejadez, en general, motivada por su falta de autoestima y en parte por la inercia que llevaba en su vida, en soledad. Como Dómina suya le creé un plan de acciones diario y de comidas intentando cambiar sus rutinas y hábitos, pero solo funcionó durante un tiempo. Mientras estaba encima de ella, con un control férreo, todo iba bien, pero en cuanto no podía hacerlo, o la dejaba a ella que lo llevase, el plan fallaba.

\* \* \*

Con la niña se llevaba muy bien. Para Ana, ella era sencillamente mi mejor amiga, y nunca nos veía besarnos o en actitudes excesivamente cariñosas que la llevasen a pensar que hubiese algo más.
Solíamos disfrutar de tiempo las tres juntas haciendo "cosas de chicas", que en nuestro caso no era ir de compras porque ni a allá ni a mí nos van ese tipo de actividades, pero íbamos a comer a un chino (nos encantaba comer con palillos) e intentamos enseñarle a la peque a usarlos, que se lo pasaba bomba, vaciamos y decoramos una calabaza e hicimos dibujos en Halloween (porque, por supuesto, las tres somos brujas buenas), compramos gorros en la Plaza Mayor de Madrid en Navidad, dábamos paseos y buscábamos bichos bola... ese tipo de cosas. Nos lo pasábamos muy bien y nos reíamos mucho.
También se llevaba bien con mi hijo mediano, pero éste estaba poco tiempo en casa e iba a lo suyo.

Cuando coincidía que la niña estaba el fin de semana en casa, porque no le tocaba disfrutarlo con su padre, mi mujer dormía en la habitación de la peque, en la parte de debajo dela cama nido.
Si no estaba mi hija, establecimos que yo dormiría con el osito por las noches y las siestas con ella. Alguna vez lo negociábamos y cambiábamos las tornas.

\* \* \*

La tuvieron que operar del hombro derecho porque lo tenía destrozado por varias tendinitis y algo más que no alcanzo recordar. Estuve con ella en el hospital, y como no se podía valer por sí misma, el osito y yo estuvimos de acuerdo en que estuviese viviendo en casa hasta que se encontrase bien. Así la podíamos ayudar y además podía hacer la rehabilitación en un centro cercano a casa, en Sanse.

Durante ese período en casa consiguió dormir ocho horas de un tirón. Ya habíamos logrado que durmiese más relajada cuando lo hacíamos juntas, ya no daba brincos en la cama ni tenía esa especie de espasmos musculares iniciales.

También empezó a comer pollo y otras cosas, despacio, por iniciativa propia. Hasta entonces, desde que nos conocimos, había sido vegetariana, comía de todo menos carne, debido a una muy mala experiencia con la misma que tuvo cuando estuvo de misión en Mali, África.

Las cosas parecían ir más o menos bien, pero cada vez demandaba más tiempo, atención por mi parte y tenía muchos celos del osito, aunque era algo mutuo. Pero, al contrario que el osito, que en lugar de hablar y expresar las cosas se dedicó estar de morros y a alejarse, ella hablaba, se expresaba y, a veces, metía cizaña. Esto me creaba mucha tensión aparte de la que ya tenía por otros motivos. Ya comenzaron las discusiones.

Por entonces estaba muy estresada en el trabajo y fui capaz de empezar a pasar el duelo de la muerte de mi madre, también había comenzado a tomar la nueva medicación para controlar la compulsión para la comida, que me sentaba fatal (hasta que la asimilé), y para colmo de males, mis dos parejas dependían de mí y no solo a nivel emocional, me absorbían la energía.

Cuando ya se encontró bien del hombro y le dieron el alta, regresó a su casa. Ahí empezó un gran declive para ella, y lo entiendo, pero yo no podía estar pendiente todo el tiempo, y aunque organizamos planes, horarios, actividades y demás, su vida se descontroló por completo. Yo la veía caer, pero no podía hacer mucho entre semana, solamente cuando estábamos juntas el finde, y entonces nos enfadábamos porque intentaba que reaccionara y que pusiera orden. Yo tampoco estaba en mi mejor momento personal. Así que pensé que viviendo todos juntos las cosas irían mejor: comencé a plantear el tema del cambio de piso y de la convivencia conjunta.

Aunque mi idea inicialmente parecía buena, no consiguió que dejáramos de discutir, ni que parara de hacer lo que yo consideraba tonterías, aunque logró que mejorara su humor, que se motivase para hacer más cosas y estuviese más contenta, por lo que yo no tenía que dedicar tanto tiempo a eso. Pero yo ya estaba agotada psicológicamente: mi mente y mi cuerpo se pusieron en modo supervivencia. La quería mucho pero ya me ponía a la defensiva así que, como te conté, rompí con ella cuando nos estábamos mudando, porque no podía más. Sé que hice mucho daño, pero tuve que elegir entre ella o yo. Mi elección en aquel momento era clara. Espero que me haya perdonado, o que consiga hacerlo.

Puede parecer un final brusco, pero es que fue así en la realidad, un corte, a bocajarro, sin piedad, pero no supe ni pude hacerlo de otra manera.

\* \* \*

**Hay muchas personas que cuando se habla de Poliamor opinan que es sencillo y divertido; tener varias relaciones afectivas y/o sexuales a la vez puede ser un sueño hecho realidad. Y de hecho es posible: yo (nosotros), fuimos felices durante un corto período de tiempo.**

**En nuestro caso fallaron varias cosas: la falta de experiencia y de contacto con otras personas practicantes de Poliamor que nos hubiesen facilitado información y/o su ejemplo, nos faltó mucha comunicación y negociación, y ninguno de nosotros tres estaba demasiado bien ni física, ni emocional ni afectivamente. Entre otras cosas nos faltaba cierta madurez.**

**Desde entonces hasta ahora he leído libros sobre el tema como "Ética Promiscua" u "Opening Up", he tenido la oportunidad de conversar y compartir momentos con personas que viven sus relaciones abiertas de un modo positivo y satisfactorio. También he dedicado mucho tiempo a la reflexión sobre el tema y a cómo me gustaría integrar esta parte de mi personalidad en mi/nuestras vidas de modo que me/nos haga felices.**

**Es un gran reto, pero hay muchas veces en que cuesta conseguir lo que se desea. Y yo estoy dispuesta a pagar el precio para ser YO MISMA, también en esta área personal. Los humanos somos capaces de dar y recibir mucho amor, pero con eso no basta: hay**

que contar con la razón, la comunicación, el respeto y la honestidad para conseguirlo, y que todo el mundo se sienta bien y satisfecho caminando en común.

Amé muchísimo a esta mujer y, reconozco que la echo de menos en algunos momentos, pero soy consciente de que en aquellos momentos y circunstancias nuestra relación estaba abocada al fracaso. De todos modos, nunca me arrepentiré de haber compartido parte de mi vida con ella porque, entre otras cosas, me ayudó a sacar una parte de mi misma que disfrutamos mucho, como, por ejemplo, hacer el tonto de vez en cuando por que sí, y no ser siempre tan rígida con las responsabilidades.

## 27. UN LOBO SOLITARIO

Quiero hacer unas reflexiones y contarte algunos detalles sobre una persona muy peculiar: MI PADRE, al que le gusta denominarse a sí mismo "lobo solitario".

No me voy a extender demasiado porque sé que no le va a hacer mucha gracia que hable sobre él, pero es mi progenitor, uno de los dos "culpables" de que yo esté aquí escribiéndote.

Fui concebida encima de una Vespa, en el trayecto entre Zaragoza y Logroño, cuando mi padre estaba haciendo el servicio militar en el ejército del Aire. Me gusta mucho cuando mi padre me cuenta esa historia porque me parece divertida y singular, como lo soy yo.

Una de las cosas que dice de nosotros es que somos una familia de wackos, que en español quiere decir chalados, locos o pirados. En eso no anda nada desencaminado, como has ido comprobando a lo largo y ancho de mis crónicas, aunque él lo toma en su sentido más irónico y guasón.

Mi padre tiene una coraza, bueno, mejor dicho, un muro de hormigón, para protegerse emocionalmente del entorno (me suena...), pero no me extraña: cuando era muy pequeño estuvo interno en un colegio hasta la adolescencia, sin apenas contacto con sus padres. Cuando se mudó a Zaragoza con su madre, y sus padres ya estaban separados, le matricularon en otro colegio donde coincidió en el aula con uno de los hijos del hombre que la había retirado del teatro, así que, como él era el hijo de la amante, tenía que guardar silencio. Mi padre me comenta al respecto que fue una época en la que vivió bien, con comodidades, holgadamente, pero yo estoy convencida de que, aun así, tuvo que ser duro en muchos aspectos. Y, sobre todo, ¿qué pasa con el cariño y el amor que necesitó en su niñez y no tuvo?

Pienso también en cómo tuvo que adaptarse a convivir con su madre, a la que apenas conocía, sabiendo lo que sé de ella, cómo reaccionaba, se comportaba, y me puedo hacer una idea del horror. Asimismo, reflexiono sobre lo se le debió pasar por la cabeza cuando su hermano mayor se marchó a Francia debido, en gran parte, a que el querido de su progenitora había dejado preñada a la novia. Da igual si la relación entre los hermanos era buena o mala, el hecho, de por sí, da asco.

Imagino el infierno que debió pasar cuando se casó de "penalty" con mi madre, no tanto por el hecho del embarazo en sí, sino tener que vivir los dos juntos en casa de mi abuela, sin intimidad alguna, acatando sus órdenes y las del jefe, y después, cuando yo nací, que no les dejasen ser padres con tranquilidad, alegando su inexperiencia, y restregándoles constantemente por el morro lo mucho que les estaban ayudando. Esto no me lo ha contado, pero estoy segura de que fue así porque, al poco tiempo de nacer mi hermana la segunda nos marchamos a Canadá. Sospechoso, ¿verdad?

* * *

Hace unos cinco o seis años, mi padre decidió explicarme una parte de la historia de nuestra familia que le habían ocultado y que descubrió estando allí, en Canadá, cuando tendría unos 25 años. **Inicialmente pensé pasar por alto esta parte de la historia, pero creo que ayuda a entender muchas cosas. Sobre todo, cómo la incomprensión, falta de tolerancia y decisiones afectan a nuestras vidas, desde nuestra individualidad, a nuestra familia o ya, a nivel global, a las relaciones internacionales.**
Al parecer mi padre se topó allí, de repente, con una verdad sobre nuestros ascendentes, que conllevó una gran pérdida de la relación con mi madre, aunque se quisiesen. Encontró a unos familiares que le explicaron que su madre, mi abuela, era judía y sus padres, sus abuelos lo eran también, que, en parte daba a entender el motivo por el que

no se supiese nada de mi abuela durante algún tiempo de la Guerra Civil española.
Ese descubrimiento, que nuestra familia y él eran judíos, hizo que lo que se podía prever que habrían podido ser nuestra vida y futuro, diesen un giro de 180°, entre otras cosas, porque mi madre era anti-judía.
Mi padre comenzó a unirse a gente afín, en temas políticos, y a separarse cada vez más de su propia familia, la que él estaba creando.
En mi opinión, esto le vino bien para alejarse de sus responsabilidades para con su mujer e hijas, que está claro que le venían muy grandes. Encontró la "misión de su vida" que no nos incluía.
La cuestión es que regresamos a España y ya te conté que se tuvo que ir del país en enero de 1976 por cuestiones políticas, en las que no voy a profundizar.

* * *

Lo que sí te puedo decir es que, aparte de los problemas que hubiese entre mis padres, las peleas o lo que fuese, los recuerdos que yo tengo de mi padre, hasta que desapareció, son muy buenos: conmigo era cariñoso, me llamaba "Coscorri" porque, cuando era pequeña e iba en el tacatá para aprender a caminar, me lanzaba embalada, sin miedo, a toda velocidad, y me daba golpes con las paredes y puertas, por lo que terminaron poniéndome una chichonera en la cabeza para protegérmela, eso sí, me vestía y me trataba como a un chico, pero a esto no sé si también contribuía mi madre o no. Mi padre jugaba conmigo, me llevaba por ahí en el coche, le ayudaba a hacer cosas, me hizo una maqueta enorme de un avión azul de aeromodelismo... Por eso era la persona a la que más quería, por eso me intenté suicidar cuando pensé que se marchaba aquella noche en que vi que se iba, y por eso se me acabó el mundo, de algún modo, cuando nos abandonó.

* * *

Desde que mi padre reapareció, cuando yo tenía 11 años, aquel día que telefoneó mientras yo estaba reunida con los scouts, ha habido altos y bajos en nuestra relación. Ahora que soy adulta sé que la distancia, nuestros hermetismos mutuos y nuestro afán de protección personal- emocional no nos han ayudado demasiado.
A los dos nos cuesta a veces expresar correctamente lo que queremos decir sin poner al otro a la defensiva, porque somos excesivamente directos, pero con lo que estamos aprendiendo el uno del otro, y con

la maravilla de las tecnologías del siglo XXI nos hemos acercado bastante.

Hace unos cuatro años tuvimos una conversación muy profunda por teléfono sobre el pasado, sobre mi tío y mi abuela, entre otros temas, y me pidió PERDÓN por no haberme protegido más cuando era niña. Hay ciertos acontecimientos, como este, que cuando llegan tu vida, son tan importantes, con tanto significado y peso, que al principio te ahogan y crees que no los vas a poder asimilar, pero que, pasado el impacto inicial, te refrescan, limpian la mente y el corazón, y te ayudan a ver todo con otra perspectiva, mucho mejor, más objetiva y positiva.

No obstante, aunque a veces me pierden esas emociones y vea las cosas como me gustaría que fueran, la realidad es la que es que apenas nos conocemos, cuando lo he necesitado de verdad, no ha estado, he tenido que aguantar que me juzgara muy duramente en alguna ocasión por ser yo misma al intentar compartir ciertas partes de mi vida con él, y tiene otra familia que ha creado en Israel, donde lleva viviendo la mayor parte de su vida, que es su prioridad. **Yo no lo soy**.

*** 

**Reconocer esto último es muy duro, pero, como te he dicho varias veces a lo largo del relato de mi historia, prefiero ser consciente de la verdad, aunque duela, para aprender de ella y tomar decisiones acordes. Yo no quiero sentirme ni que me vean como una víctima, y trabajo para ello, pero, sobre todo, huyo del victimismo, que es lo verdaderamente limitante.**
**Creo firmemente que las personas que somos o hemos sido víctimas de abusos, maltrato, violencia, etc. tenemos derecho a ser conscientes de nuestra situación y a tener nuestro tiempo de duelo, a pedir ayuda tanto profesional como emocional, y a superar nuestras heridas físicas y psicológicas, cada persona dentro de sus posibilidades. El victimismo, y quienes lo apoyan, solo nos limitan e impiden que dejemos de sufrir.**
**Tú y yo somos quienes hemos de tomar conciencia y decir qué hacer. Y para esto he creado el libro. Creo en el trabajo cooperativo, no en la lucha, que finalmente es violencia igualmente.**

## 28. UN POLVO SIN COMPROMISO

Mi pareja actual, que se llama Jesús, y yo íbamos a ser sencillamente un "polvo sin compromiso": él vivía con su pareja, a la que quería, y yo estaba casada con el osito, al que no amaba como marido, aunque aún fingía que "lo estábamos intentando". Inicialmente lo teníamos súper claro cuando nos conocimos en una web de bisexuales. Su avatar era una foto suya desnudo, boca abajo, en una tumbona de playa de color azul, y a mí me pareció que tenía un culo estupendo...

Contactamos por medio de aquella página a principios de diciembre de 2013. Pasamos horas y horas chateando en la web o por WhatsApp y lo curioso es que lo hacíamos en inglés o en francés, pero cuando nos vimos en persona hablamos en español. A los pocos días de relacionarnos online, decidimos dar el paso y quedar para ese primer "polvo sin compromiso". Yo ya le había advertido de mi facilidad para enamorarme en según qué ocasiones, que no quería que ocurriese, y él me había respondido que no me preocupara, que me ayudaría a lograr mantener el estatus de "solo amigos", así que me quedé tranquila.

Nos citamos en mi casa, una mañana de mediados, casi finales, de ese mismo mes. Cuando le abrí la puerta vi unos profundos ojos azules y una sonrisa maravillosa. Nos saludamos y nos dimos un abrazo muy apretado e intenso. Nos besamos... Y nos fuimos al dormitorio, al lado de la ventana.

Era una mañana muy soleada. Seguimos besándonos, de pie, mientras le ayudaba a quitarse la ropa, y él a mí, lo poco que llevaba puesto. En un momento dado me cogió del brazo derecho y noté una corriente de energía, SU energía, que invadía todo mi cuerpo, y me estremecí. Pensé: "¡Madre mía!¡Voy a necesitar mucha ayuda para no enamorarme de este hombre!". Cuando estuvimos ya desnudos, piel con piel, le recordé mi "problema", y me repitió: "Tranquila, que yo te ayudo a no enamorarte, a que seamos solo amigos". Y nos tumbamos, desnudos, en la cama.

Parecía que nos conociésemos de hacía mucho tiempo por la complicidad que hubo: supimos, desde el primer instante, por instinto, dónde tocar, besar, lamer... cómo movernos, acariciarnos... estábamos acompasados, y cuando acabamos, me abracé a él como una lapa, pero yo no soy una persona especialmente cariñosa cuando tengo sexo con follamigos. Lo considero sexo, disfrutamos y ya está; esto fue distinto... Cuando se marchó me quedé algo "tocada".

La siguiente vez que nos citamos fue a principios de enero. Cancelé parte de una quedada para café que había organizado con algunas personas de la web de bisexuales. En lugar de los días 3 y 4 la dejé sólo para el 4 para poder estar con él, ya que él no tenía tiempo más que el 3... Ya estaba colada por él, era evidente, pero como me había dicho que me ayudaría a no estarlo...

Esa segunda vez fue increíble. Seguimos teniendo aquella conexión, pero fue en aumento, en progresión. Hasta llegué a decir cosas que luego no recordaba haber dicho: "¡Ay Jesús, que me vas a matar!". Cuando me comentó que había pronunciado esta frase no me lo podía creer. Me dio entre risa y algo de corte porque pensé que se me podría haber ocurrido algo más original, pero no, eso fue lo que soltó mi cerebro; y es que yo no era capaz de pensar en aquellos momentos. He tenido mucho y muy buen sexo en mi vida, pero nunca he experimentado lo que tengo con él, y ya desde el principio. Y la cuestión es que no es solo sexo, ese es el tema.

En enero fue también cuando le confesé a mi marido la verdad de la situación y que en realidad no le amaba, que le quería como amigo, como ya le había adelantado casi un año antes.

* * *

Jesús y yo seguimos viéndonos cuando podíamos, hablando casi a todas horas por WhatsApp, y cada vez el vínculo era más fuerte. Ya le dije en una ocasión que me estaba enamorando, e intenté distanciarme; lo discutimos y me argumentó que no, que éramos solamente amigos, más o menos pude verlo y superé el bache emocional.
Pero en marzo empecé a pasarlo mal de verdad, a pensar en él todo el tiempo, y a ser consciente de que estaba completamente colada por él, a pesar de las circunstancias. Hablé con él por WhatsApp y le expliqué que yo estaba enamorada de verdad de él, que no podía seguir siendo solo su amiga, que las cosas que hacíamos no eran solo de amigos, que estaba sufriendo y que necesitaba alejarme de él, dejar de tener contacto. Me respondió que necesitaba que nos viésemos y hablar cara a cara, así que me recogió con su coche, la tarde del 18

de marzo de 2014, y fuimos por el Paseo de Rosales hasta el Templo de Debod.

Estaba muy nerviosa y hablamos de muchas cosas, me explicó técnicas de fotografía y, finalmente, me preguntó que por qué estaba ansiosa o angustiada. Le expliqué lo anterior, que le amaba, que estaba enamorada de él, y que lo que hacíamos no eran cosas que hacen personas que son solo amigos o solo follamigos. Que desde el primer día lo que habíamos hecho era el amor, no había sido solo sexo, y que, si realmente sus sentimientos hacia mí se ceñían a la amistad, necesitaba separarme de él.

Nos sentamos en un banco y continué diciéndole que, si él también estaba enamorado de mí, no le estaba pidiendo nada, ni un compromiso, ni que dejara a su pareja, a la que sabía que quería, ni nada parecido, pero que necesitaba saberlo, necesitaba saber si estaba en lo cierto o no respecto de lo que estaba viviendo, sintiendo, recibiendo por su parte. Me miró a los ojos, sonriendo, y me dijo, cogiéndome de la mano: "Eres totalmente correspondida". Me eché a llorar por la tensión, de la emoción, de la alegría de saber que no estaba equivocada, y nos abrazamos, nos besamos... Cuando logramos serenarnos un poco continuamos paseando hasta el mirador y contemplamos Madrid, de noche, a nuestros pies, y la luna llena sobre nosotros. Inolvidable.

*  *  *

Hasta llegar al momento en el que estamos, hemos pasado por momentos muy duros, en los que hemos superado por muchas "pruebas" o situaciones complicadas que nos han hecho más fuertes, que nos han convertido en el equipo sólido y engranado en que nos hemos convertido, pero que también nos han llevado al límite en muchas ocasiones del pasado, incluso al borde de la ruptura. Como bien dice él, somos unos privilegiados, pero hay que tener muy en cuenta que nos curramos la relación todos los días; si no, lo que tenemos no sería posible, o al menos tal como conseguimos que sea, entre los dos.

En junio de 2014 fui a un Taller sobre Poliamor organizado por Golfos con Principios (con los que he disfrutado de alguna actividad, como "sexos orales" que son charlas sobre temas de sexo), impartido por Brigitte Vasallo. Cuando terminó estuve reflexionando bastante sobre el tema de la honestidad. Yo soy muy sincera, a veces se podría considerar que lo soy en exceso, según desde la óptica que se mire, y no llevaba bien el hecho de ser parte de una mentira, pero yo no era quien estaba siendo insincera, en este caso. Lo que me ocurrió es que me planteé algo que no había pensado hasta aquel momento: ¿qué pasaría con la relación, CONMIGO, ¿si por casualidad se enteraba la otra pareja de Jesús? Le empecé a dar vueltas a la cabeza y a ponerme en lo peor, que para mí era que él me dejase, y en una conversación de WhatsApp, que era lo que teníamos entonces para comunicarnos, porque no le podía llamar por teléfono, le hice esa pregunta, tal cual. Me respondió que no lo sabía, que no se lo había planteado.

Me asusté, que es lo que me ocurre cuando no controlo las situaciones de mi vida. Me puse a poner mis pensamientos en la cabeza de Jesús y a decirme que lo más probable era que si ella se enteraba, sufriríamos mucho todo el mundo, y yo no quería que eso sucediese, yo no quería sufrir ni ser la causa del sufrimiento de otras personas, así que le escribí diciéndole lo que había pensado, que había decidido abandonar el barco, unilateralmente.

Me respondió y estuvimos hablando mucho tiempo sobre nuestras respectivas circunstancias y me hizo enfrentarme directamente con mis miedos. Me preguntó si de verdad quería perderle, a lo que tuve que contestar que NO, pero tenía miedo del futuro, de la INCERTIDUMBRE. Como me dijo entonces, y tenía toda la razón, en esos momentos lo único que podíamos hacer era intentar disfrutar de lo que teníamos e intentar resolver nuestras respectivas situaciones personales. Mi pánico desapareció, mi ansiedad disminuyó y seguimos adelante.

\* \* \*

Cuando se acercaban las Navidades yo pasé un bache emocional tremendo: me dio el bajón de la tensión acumulada de la mudanza a la nueva casa, ahora pasaba los fines de semana sola del todo, había intentado un acercamiento con mi padre y había salido mal (aunque luego lo arreglamos), seguía peleando con el tema de las finanzas de mi ex marido y con la fianza y el aval del piso anterior, no me gusta la Navidad y este año tampoco la compartiría con mi hijo mayor, estaba muy estresada en el trabajo... en fin, muchos temas acumulados.

Pero él no estaba dispuesto a dejarme, como me dijo ME AMABA DEMASIADO, y le daba igual las coces que le diera, iba a aguantar. Que sabía lo que me pasaba, que tenía miedo, estaba sobrepasada, pero que él estaba conmigo y no pensaba irse a ninguna parte. Lloré desconsolada, con sentimientos encontrados de amor infinito por aguantar y no abandonarme, y otros, infantiles, de rabia contenida, de "joder, no consigo que se vaya, y tengo miedo".

\* \* \*

**Por primera vez en mi vida sentí y pensé que una persona, que no fuera uno de mis hijos, ME AMABA DE VERDAD, de manera incondicional, Y NO ME IBA A ABANDONAR, por mucho que yo me empeñase en ello, porque era lo que había aprendido y tenía guardado en mi cerebro emocional. Aquel suceso supuso una RUPTURA TOTAL CON MI PASADO. Fui consciente de que cuando me asusto o me sobrepasa mucho una situación, tengo la tendencia a aislarme, a huir o a conseguir que las personas de mi entorno me dejen, como había hecho mi padre físicamente, o mi madre emocionalmente, cuando yo era muy pequeña. Y yo fui reproduciendo este comportamiento una y otra vez durante mi vida hasta que llegó la persona adecuada, que me enseñó lo que era EL AMOR con mayúsculas.**

Escrito así parece más fácil de lo que ha sido llegar a esta conclusión, pero no importa. Lo realmente significativo es que haya llegado a conocer a Jesús y estuviese preparada para ver y entender esta gran verdad, porque me ha liberado. Ahora, cuando me asusto, si llego a sentir esas sensaciones, reflexiono y se me pasa, porque sé de dónde vienen, y generalmente busco le busco a él, le digo que tengo miedo, y me da cariño, que es lo que necesito. Y después hablamos de lo que sea que me lo provoca.
A veces sigo necesitando ese espacio a solas, sin que nadie se acerque ni me toque, pero hemos aprendido que es para que ordene mis ideas, razone y me recomponga como persona. Y cuando llego a ese punto, regreso a él, hablamos y seguimos adelante.

\* \* \*

En 2015, con algo más de tranquilidad, conversando, le dije que necesitaba algo más de concreción sobre nuestro futuro como pareja. Estaba claro que, al principio, no había compromisos más que el de amarnos, pero la relación había avanzado y madurado muchísimo, a pesar de nosotros y nuestros propósitos. Queríamos estar juntos, y sabíamos que el gran problema era su situación económica, pero no se podía prolongar eternamente. Llegamos además al acuerdo de que, si su otra pareja se enteraba de alguna manera, no la haríamos sufrir más que lo necesario. Por otra parte, le dije desde siempre que a mí me parecía lo lógico y correcto que, aunque nosotros viviésemos en pareja, si ella quería, que mantuviesen la relación que quisieran tener, siempre y cuando yo estuviese informada de ello. Al principio Jesús me dijo que ella no iba a querer, pero poco a poco fue aceptando la posibilidad de que ella quisiese seguir manteniendo el contacto con él, una vez supiese cuál era la situación real.

Un día recibí un WhatsApp suyo en el que me contaba, muy preocupado, que creía que su otra pareja le había pillado escribiéndome. Estuvimos de acuerdo en que le iba a contar la verdad de lo que estaba pasando, pero ella no dijo nada sobre lo que supuestamente pudo haber visto, aunque sabíamos que lo había hecho por un comentario que le hizo aquella noche y una reacción que tuvo. Para más "inri", a Jesús le escribió su hija mayor contándole que se casaba el 30 de mayo, así que lo negociamos y, aunque fue un poco un "ultimátum", para no fastidiar la boda, le di como fecha tope para contarle a su otra pareja lo que había el 31 de mayo de 2015, en que estarían solos en el hotel y de regreso a Madrid.

* * *

**Así fue. Ese día estuve de los nervios. Puede sonar injusto o no lo sé, pero para mí era la prueba definitiva de que de verdad quería vivir conmigo. Me han prometido tantas y tantas cosas que luego no han cumplido.... Hasta ahora me había demostrado mucho, pero soy una persona muy, muy dura, como Santo Tomás, no lo podía creer hasta verlo. Lo hizo. Nunca nadie ha hecho lo que ha hecho Jesús por mí. Igual que muchas cosas que he hecho yo por él. Y ahora me da igual el futuro porque ESTOY COMPLETAMENTE SEGURA DE ÉL Y DE NUESTRO AMOR.**

**Una de las cosas por las que formamos un buen equipo: él tiene la paciencia y el amor necesarios para ver cuándo me asusto y no dejarme salir corriendo, o darme mi tiempo cuando me bloqueo o ayudarme a enfrentarme a mí misma sin herirme ni enfadarme. Yo, por mi parte, le ayudo a centrarse, a no dispersarse, a fijarse metas concretas, a ser menos gruñón y a ser menos vehemente con algunos asuntos. Además, conmigo puede ser él mismo, sin ta-**

pujos, secretos, cortapisas, tal cual. Esto lo hemos aprendido ambos con el tiempo, porque los dos tenemos un carácter bastante fuerte, sobre todo yo.

Ahora que vivimos juntos vamos completando nuestra historia en compañía, cada día, sin necesidad de plasmarlo en papel, con nuestras vivencias y amor... A veces rememoramos ese primer encuentro, el "polvo sin compromiso", y le tomo el pelo para decirle que: "menuda ayuda la suya", "un fiasco total lo de ayudarme a no enamorarme". Él se ríe conmigo y me contesta: "¡cagada total!".

Durante estos años, ya de convivencia, hemos creado un hogar estable, lleno de amor, en el que mis hijos también se han sentido arropados. De hecho, se llevan genial con Jesús, especialmente Ana, con quien tiene una relación paterna muy especial.

A veces ha sido muy difícil para ambos el rechazo que hemos sufrido por parte de algunas personas muy cercanas para los dos, pero poco a poco van acercándose.

Nuestra relación se basa en el amor, la honestidad, la comunicación y la comprensión, aparte de que estamos implicados al 200% en la misma y trabajamos nuestras dificultades cuando aparecen o somos conscientes de ellas. Tenemos sueños y proyectos comunes, tanto personales como laborales, y propios también.

Y dentro de esos proyectos está el de que me pidió en matrimonio el 11 de julio de 2017 y le dije de inmediato que: "Sí, que él es totalmente correspondido". Así que estamos muy ilusionados preparando nuestra boda para marzo de 2018, en que no comeremos perdices... o sí...

"YO DESPEGO YA. ESPERO QUE UN DÍA ENCUENTRES LA MANERA DE SEGUIR A LA MISMA LUZ QUE AHORA ME ILUMINA"
(Marta Arcos)

## TALLER DE DESCUBRIZAJES

El palabro "Descubrizaje" es un invento de mi pareja que proviene de los términos "Descubrimientos" y "Aprendizajes".

Se le ocurrió un día que caminábamos tranquilamente por la calle, conversando, mientras le comentaba que quería encontrar un nombre original a la última entrada del libro.

En este apartado quiero tratar precisamente todo esto que he descubierto y aprendido hasta ahora, una recapitulación del trabajo de "laboratorio de experimentación vivencial" que he ido realizando hasta la actualidad, que no es algo cerrado, concluso ni terminado, sino todo lo contrario: orgánico, vital, fuerte, potente y con más sentido que nunca, porque lo comparto contigo a través de estas líneas. ¡Trabajo en equipo!

Aquí tienes un resumen:

- SONRÍE. Si no sueles hacerlo, practica delante del espejo, aunque al principio parezca una mueca extraña, pero hazlo. También por teléfono, cuando vayas en transporte público y mires a la gente o cuando camines por la calle... SIEMPRE, y verás el resultado: D
Yo decidí en su momento dejar de ser, de sentirme, una Víctima y cambiar poco a poco lo negativo en positivo, experimentando, aprendiendo, metiendo la pata a veces, pero con el objetivo claro de hacer de mi vida algo útil y precioso.
Hay que pagar un precio, más o menos alto, pero te aseguro que merece la pena, aunque sea solo intentarlo.

- Si ves que solo no puedes, PIDE AYUDA. Y aunque puedas solo, comparte lo que te ocurre con los que amas.

- Nadie es perfecto, TUS IMPERFECCIONES SON PARTE DE TU ENCANTO. Si cometes un error, acéptalo y responsabilízate. COMETER ERRORES ES HUMANO y DE LOS ERRORES SE APRENDE, mucho.

- Si te quieres a ti mismo, ATRAERÁS EL AMOR. EL AMOR ATRAE

MÁS AMOR, así que, si eso es lo que deseas, tendrás que trabajar tu autoestima: D

- Los seres humanos estamos hechos de varios colores, tamaños y tallas. TU TALLA NO INFLUYE EN EL AMOR VERDADERO DE LOS DEMÁS HACIA TI, sino la visión que tienes TÚ de ti mismo.

- Ser ASERTIVO, en la vida en general, es mejor que pasivo o agresivo. ¿Qué es eso de la Asertividad? Es un modelo de relación interpersonal que consiste en conocer los propios derechos y defenderlos, respetando a los demás. Aprende técnicas y formas de conseguirlo por medio de personas que se comporten así, libros, talleres, etc. Yo también puedo.

- Busca una VIA DE ESCAPE POSITIVA PARA TU IRA: llora, habla con amigos, grita en un parque, dale golpes a cojines, haz deporte, lo que te haga sentir mejor, pero canalízala. Te sentirás mucho mejor y eliminarás la agresividad de tu vida.

- Una BUENA COMUNICACION es básica para que una relación, sea del tipo que sea: de pareja, de amistad, padres e hijos, laboral, etc., funcione. Y dentro de esta comunicación hay cuatro cosas imprescindibles: la ESCUCHA ACTIVA, la HONESTIDAD, la COMPRENSIÓN y el RESPETO.

- Da las GRACIAS, incluso a ti mismo, por tus logros y por tratarte bien o por lo que sea, porque lo mereces, y ten la suficiente humildad para PEDIR PERDÓN. Perdónate también y congráciate contigo mismo. Y respira hondo; seguro que vives y duermes mucho mejor.

- INTENTA SER POSITIVO: hasta de los peores momentos se puede sacar algo bueno, te lo aseguro; es cuestión de práctica.

- SI QUIERES ALGO, VE A POR ELLO. Diseña un plan de acción y ponte manos a la obra, sal de tu zona de confort. Nadie va a venir a la puerta de tu casa a traerte las cosas porque sí. Y otra cosa: NO PERMITAS QUE NADIE MACHAQUE TUS SUEÑOS. Son tuyos, de nadie más. Aunque te digan que son utopías o lo que sea, da igual; eso le dijeron a muchos que han conseguido los suyos. Eres **libre** de soñar y decidir. Hay personas a las que les fastidia que los demás tengan la valentía de la que ellos carecen, y por eso atacan, eso es todo.

- TIENES DERECHO A DECIR "NO"

- NADIE TIENE DERECHO A EJERCER VIOLENCIA SOBRE OTRA PERSONA, sea del tipo que sea: verbal, física, psicológica... Nadie sobre ti ni tú sobre nadie. Y la VIOLENCIA DOMÉSTICA NO DEBE SER UN SECRETO porque lo único que hace es estigmatizar y perpetuarla.
En mi opinión, basada en mi experiencia, HAY QUE VISIBILIZAR LA VIOLENCIA DOMÉSTICA, cualquier tipo de violencia, en realidad, para ayudar a erradicarlas. Pero de un modo POSITIVO y ASERTIVO.

- VIVE Y DEJA VIVIR.

- Raramente las cosas son blancas o negras; hay una MARAVILLOSA GAMA DE TONOS GRISES Y COLORES entre medias.


Y si crees que te puedo ayudar de alguna otra forma, escríbeme a sue@suemagenta.com y veremos qué podemos conseguir, compartir.

# *RECONOCIMIENTOS*

En esta sección quiero hacer un reconocimiento formal: no solo dar las gracias a las muchas personas, grupos e instituciones que han formado parte de los "descubrizajes" de mi existencia. Seguro que me dejo a alguien, así que pido disculpas de antemano y propongo enmendarme lo antes que pueda…

- A JESÚS, MI PAREJA Y MEJOR AMIGO
- A MIS TRES HIJOS
- A MI MADRE
- A MI HERMANA DEBORAH, POR SER MI ALMA GEMELA, Y A MIS OTRAS HERMANAS
- A TODOS LOS AMIGOS Y PERSONAS QUE HAN DEJADO UNA HUELLA POSITIVA EN MI VIDA, POR SU AYUDA, APOYO, CARIÑO, PACIENCIA… ¡GRACIAS!

<u>A LOS SIGUIENTES GRUPOS E INSTITUCIONES:</u>
- AL COLEGIO NTRA. SRA DEL CARMEN, DE ZARAGOZA
- A LOS GRUPOS SCOUT "ASPE" Y "CALASANCIO"
- A MI PROFE DE FILOSOFÍA DE COU.
- Al PSICÓLOGO ALBERTO SÁNCHEZ ALIJA POR ENSEÑARME EL INCIO DEL CAMINO PARA MI RESURRECCIÓN
- A LA ANTIGUA ESCUELA DE TURISMO "ARAGÓN": A LOS PROFESORES, LA SECRETARIA DEL CENTRO Y A MIS EX COMPAÑEROS.
- A LA FUNDACIÓN "RAMÓN REY ARDID" DE ZARAGOZA Y AL PSICÓLOGO QUE ME TRATÓ, POR SU PACIENCIA Y POR DARME SOPORTE PROFESIONAL.
- A LAS ESCUELAS DE TIEMPO LIBRE "GUSANTINA" Y "CANTALOBOS"
- A LOS SERVICIOS SOCIALES DEL AYUNTAMIENTO DE ZARAGOZA Y EL ÚLTIMO TRABAJADOR SOCIAL QUE ME DIO SOPORTE Y ESPERANZA.
- AL EDUCADOR SOCIAL QUE ME AYUDÓ CON MIS HIJOS MAYORES CUANDO ESTABA MAL.
- A LA SOCIEDAD MUNICIPAL DE LA VIVIENDA DE ZARAGOZA Y A LA TRABAJADORA SOCIAL.
- A LA FUNDACIÓN CULTURA Y EMPRESA DE CEPYME ZARAGOZA
- A MIS EX COMPAÑEROS DE "PSIQUE": ASOCIACIÓN DE ESTUDIANTES DE PSICOLOGÍA DE ZARAGOZA.
- A LA RESIDENCIA DE SANITAS DE ZARAGOZA
- AL CAF (CENTRO DE AYUDA A LAS FAMILIAS) DE MADRID.
- A LA PSIQUIATRA Mª JOSÉ ÁVILA
- A LA PSICÓLOGA PATRICIA PAGE MOLINA
- AL EQUIPO DE CIRUGÍA BARIÁTRICA DE LA FUNDACIÓN JIMÉNEZ DÍAZ

Y al resto de personas, profesionales, empresas e instituciones que me han aportado tantas cosas, como apoyo, recursos, palabras, … para convertirme en quien soy actualmente. ¡GRACIAS!

Printed in Poland
by Amazon Fulfillment
Poland Sp. z o.o., Wrocław